できることふやそう　すきなことみつけよう

―親と子と先生と―

松山基子

てらいんく

できることふやそう　すきなことみつけよう

―親と子と先生と―

もくじ

はじめに　4
5年間の学校経営　できることふやそう・すきなことみつけよう　6
心に残る、特色ある二つの高学年の担任　244
校長を退職してからの読書指導　250
あとがき　252

はじめに

人間が人生の中でやらなければならない一番大切なことは子どもを立派に育てることである。社会の中でみんなで、そして、親と教師が協力して子どもを育てることである。

私は大学を卒業して以来、小学校の教師を三十八年間行ってきた。その間、常に心にしていた事は、関りを持った子どもに愛情を持って教育にあたる事、子どもを立派に育てていきたい、ということでした。

私は、私が行ってきた教育の集大成として、校長を任された五年間の学校経営において保護者としっかりと手を携えて教育を推進し、充実させたいと考えました。かねてから子どもの為の、教育目標を達成させるためには、子どもに合った声かけが必要ではないかと考えていた事、子ども一人一人が「知育・徳育・体育」すべての面において自分からがんばろうという合い言葉を決める事がよいのではないかと考えており、合い言葉・約束事を決めました。

その合い言葉は、

『できることをふやそう・すきなことをみつけよう』でした。

教育・子育てにおいて、教師や親が行うことは、全て、子どもが「できることをふやすこと」をめざしていることです。この言葉を頭において毎日を過ごすことを提案しました。そして、やがては自分の「すきなことをみつけて」自分の将来を決めていくということをめざしてほしいと願っての事です。学校行事の中に出来るだけ良いもの、本物に出会えるチャンスを増やし、校長を任された五年の間、「学校だより」と「校長だより」を家庭に届けることにより、保護者に、学校教育への理解を求めて、常に子育てに目を向けて欲しいと願いました。また、便りの中で保護者にも勉強をしてほしい、地域社会にも、日本の歴史・文化についても、世界についても、社会のできごとなどにも、いろいろと関心を持ってほしい、その事は、子育てに生きると願ってのことです。

子どもを育てるという事は、家庭で、親が子育てをし、学校で教師が教育する、両者が程良く力を合わせるということである。保護者の協力が学校教育を大きく左右します。子どもが立派に育つように、と保護者と学校が共に協力をすることが大切です。

私は、この本では、一つ目には、その五年間の便りを掲載し、二つ目には、学級担任をしていた時に、保護者の協力がいかに子どもに影響するかが、はっきりとした学級経営の実践を述べました。そして、三つ目には退職後の読書指導について述べました。

5年間の学校経営　できることふやそう・すきなことみつけよう

平成11年度

しろやま　５月号　平成11年５月１日

城山小学校の教育の充実を図るための保護者へのお願い

城山小学校の教育目標は人間尊重の精神を基盤として、生涯にわたり主体的に生きる人間の基礎を培うと共に心身共に健康な児童の育成をめざして

○進んでやる子　○思いやりのある子　○元気な子

と設定しています。

その目標達成のために、子どもにも分かりやすい合い言葉を定めました。「できることをふやそう・好きなことを見つけよう」です。子どもが学習面、生活面、運動面すべてに

おいて、自分でできることをふやす、努力する。そしてその中で自分の個性、得意なことを見つけて将来の生き方に生かしていって欲しいという願いから決めました。そして、子どもたちと次のような三つの約束をいたしました。

入学式や四月の保護者会でもお願いしましたが、保護者の方々には次のような手助け、支援をお願いし、家庭と学校で協力して城山の子どもを立派に育てていきたいと考えています。

子どもたちとの約束	保護者へのお願い
①元気に学校にくる。	①朝、子どもの健康観察をして、ゆとりをもって学校へ出してください。
②自分でできることをふやす。	②子どもは自発的にものごとをやりたがるものです。機会をとらえて、子どもが自分でできるように手助けをしてください。
③友達となかよくする。	③子どもは人間関係の中で育ちます。子どもが友達を大切にし親子の会話の中で自分の生き方を見つけるような生活をして欲しいと願っています。

このような保護者の子どもへの支援が、子どもが日々生き生きと生活できるもととなると考えます。また、学校での教育活動に積極的に参加し、子どものもっている力が十分に発揮され立派に育っていくもととなると考えます。城山小学校の教職員は、子どもを愛し、心をそろえて教育にあたる所存です。今後ともご協力をどうぞよろしくお願いします。

しろやま　7月号　平成11年7月1日

「わたしと小鳥とすずと」

6月21日、月曜日の児童朝会で、子どもたちに、金子みすずさんという詩人の「わたしと小鳥とすずと」という詩を紹介しました。

わたしと小鳥とすずと

わたしが両手をひろげても、
お空はちっともとべないが、
とべる小鳥はわたしのように、

地面《じべた》をはやくは走れない。

わたしがからだをゆすっても、
きれいな音はでないけど、
あの鳴るすずはわたしのように
たくさんなうたは知らないよ。

すずと、小鳥と、それからわたし、
みんなちがって、みんないい。

やさしい、やさしい詩です。

わたしの大好きな詩です。

人もそれぞれに違う良さをもっているから良いのだ、人との関わりが楽しいのだということがわかる詩だと思います。

子どもたちには、わがまま、自分勝手で人と違っていいということではないということを話しました。

一人一人が持っている自分の良さを発揮して、初めてみんな違ってみんないいということとなんですよと、話しました。
学校の中でも時々、わがままで友達に迷惑をかける子もいますし、自分勝手に飛び回る子もいます。自分の持っている力、良さをわかって発揮できていないので心が満ち足りていないのではないかと、かわいそうな、残念な気がいたします。

人は誰でも、他人にはない良さを持っているものです。子どもの持っている良さに気付かせ、更に自分を高めようとがんばる気持ちを持たせることが、家庭での子育て、学校での教育ではないかと考えます。学校でもさまざまな教育活動を計画し、子どもの力を引き出す努力をしています。
ご家庭でも、前にお知らせしました、合い言葉「できることをふやそう・すきなことをみつけよう」をめざしての、わたくしと子どもたちとの3つの約束に対する3つの手助けを更に充実させていただくことが大切かと思います。そのことが子どもを立派に育てるもととなります。

一学期ももうすぐ終わりです。夏休みに向けての子どもたちとの計画への手助けも、是非よろしくお願いします。

平成11年7月6日

―夏休みの過ごし方―

長い一学期も終わりに近づきました。もうすぐ夏休みになります。社会では子どもの教育について、さまざまなことが言われ、すぐ「きれる」「怒る」「暴れる」等、家庭内暴力、学級崩壊等と子どもから端を発している問題が次から次へと出ています。私はこのような問題は、子どもが、心から満ち足りた生活を送っていないところから出てきている問題ではないかと思います。

夏休みを前に、子どもが心から満足の行く毎日を過ごせるように、私と子どもとの合い言葉、『できることをふやそう・すきなことをみつけよう』に関しての3つの約束と保護者の方々への支援のお願いを、再度、お読みください。このお願いは子どもが将来に向けて生き生きと育つもとになるようにと考えた大事なお願いです。

大人の一日と子どもの一日は大違い、子どもは毎日成長をしています。夏休みの過ごし方もぜひ、計画の段階で相談にのって一日一日を大切に過ごせるように手助けをお願いします。

子どもたちとの約束	保護者へのお願い
①元気に学校に来る。	①朝、子どもの健康観察をして、ゆとりをもって学校に出してください。
	（このことは、基本的生活習慣が身に付き、一日の生活リズムが整っているからできることです。）
②自分でできることをふやす。	②子どもは自発的にものごとをやりたがるものです。機会をとらえて、子どもが自分でできるように手助けをしてください。
	（子どもがやりたいという気持ちを大事に、なんでもできるように助けてあげることが、すべてのやる気につながります。）
③友達となかよくする。	③子どもは人間関係の中で育ちます。子どもが友達を大切にし親子の会話の中で自分の生き方を見つけるような生活をしてほしいと願っています。
	（子どもの友達と親子で仲良くしてください。子どもが多くの人と良いかかわりがもてるようになることが大切です。）

○さて、どんなことが考えられるでしょう。

豊かな自然に恵まれた稲城です、家族で自然（樹木・草花・虫など）の観察や写生またスポーツに出かけるのも良いのではないでしょうか。栽培や飼育をじっくりとするのも良いですね。

親子で工作や手芸、読書にゆっくり時間をかけるのも良いですね。

遠くに出かけて新しい経験をするのも良いですが、子どもがいつも行っている近くの公園・児童館、ちょっと足をのばして、博物館・展覧会場をゆっくりと訪ね、心落ち着くような過ごし方をするのも良いと思います。

友達とゆっくり、心ゆくまで遊び、仲良しの心地好さを味わったり、時にはけんかもしたりして、人とのかかわりの楽しさを経験するのも大事かと思います。

お手伝いをしっかりさせるのもいいですね。お手伝いをさせるときは親の手助けと考える前に子どもにいろいろなことを経験させ、できることをふやすためと考えてじっくりとつきあうことが大切です。（料理・洗濯・掃除・片付け・整理等）

今の子どもは体験不足と言われています。はさみ・包丁が使えない、不器用である、身の回りの整理ができない、お友達と遊べないなど、テレビ等で見たことを、なんでも知っている、わかっている、できると、勘違いをしていることが多いと思います。日常の中でいろいろなことを体験し、自分の「できることをふやし、すきなことをみつける」ことが子どもにとって大切なことであり、将来、自信をもって生きるもとになると考えます。

また、地域の行事にもできたら親子でぜひ参加してください。

城山児童館・青少年育成委員会・体育振興会等で、夏祭り・地区キャンプ・プール等。どの団体でも、子どものことを考えてさまざまな計画を立ててくださっています。地域の中に根付いて過ごすことが子どもの心を育てる上で大切なことです。学校教育も、これから、教育内容が変わります。「総合学習の時間」が取り入れられ、平成14年度には週五日制となります。2日間の休みは自分で自分らしい時間を過ごす良い機会となりますね。そのためにも今から、地域での定着した過ごし方を身に付けることが大切かと思います。

夏休みには、学級からの宿題も出ていることですが、それも計画的にやれるようにアドバイスをお願いします。学校のプールにもぜひ参加させてください。

あれもこれもと、することがいっぱいと思わないで、この中で、自分の家庭では何ができるか、自分の子どもにとって何をすることが大切かを考え、ぜひ、今から子どもの夏休みの計画の相談にのってあげてください。長い夏休み、のんびりする日もあって当然ですが、毎日がだらだらと目的もなく過ごしてしまうことのないようにしてあげてください。

健康に気をつけて、ご家族にとって、良い夏休みになりますように!

平成11年9月3日

―2学期の城山の教育を考える―

長い夏休みも終わり、いよいよ2学期が始まりました。

夏休み、いかがお過ごしでしたか。

43日間もの長い間、ご家庭にいたということは保護者のみなさんにとっては大変なことだったと思います。ゆっくりと休養もとれましたか、また、リフレッシュもできましたか。そして、ご家庭でなければできない子どもの教育もじっくりとできたのではないでしょうか。

夏季休業中でも、いじめ・不登校・学級崩壊・きれる等と、子どもの問題・話題が、新聞・テレビ・ラジオ等でたくさん出されていました。学校・教育関係者としては、社会も子どもの教育の大切さをわかってくれたと、世の中が発展していくものと思います。

城山小学校においては、幸いにも、マスコミ等で問題視されているようなことは、現在のところ出てきてはおりませんが、一般的に社会で問題となっていることは真摯に受け止め、そのような問題が起きないで、落ち着いた教育をするためにはどうしたらよいかというところを保護者のみなさんと一緒にしっかりと考えていきたいと思います。

いよいよ2学期になりました。

残暑はまだまだ厳しい中ではありますが、2学期は1年間の中でいちばん長い、そして気候的にも一年でいちばん過ごしやすい学期です。

読書の秋・芸術の秋・スポーツの秋となんでもできる、過ごしやすい季節である2学期です。子どもたちも落ち着いてしっかりと自分を高めることのできる期間であると思います。じっくりと自分に「できることをふやしていってほしい。すきなことをみつけていってほしい」と思います。

ご家庭でのご協力をよろしくお願いします。

学校だよりにも書きましたが、私は夏休み期間を利用して、東北地方へ旅行してきました。山形の花笠音頭に感激もしてきました。秋田県男鹿半島の『なまはげ』習俗を体験し、地域に根付いた、人間のつながり、心の教育を見た思いがしました。

『なまはげ』行事は毎年、大晦日の晩に、災禍を払い、豊作・豊漁・吉事をもたらす来訪神として各家々にまわるものです。

『なまはげ』は各家に行くと、次のような問答をします。

【ナマハゲ】ウオー、泣ぐ子いねが。怠け者いねが。言うごど聞がね子どら（子等）いねが。ウオー（家じゅう探し回る）。

【ナマハゲ】子どら、みなまじめ（真面目）に勉強してるが。

【主人】おらい（私の家）の子どら、まじめで、親の言うごどよぐ聞ぐいい子だから。

【ナマハゲ】どらどら、本当だが。ナマハゲの帳面見てみるが。何々テレビばり（ばかり）見で何も勉強さねし、手伝いもさねて書いであるど。親父、子どら、言うごど聞がねがったら、手っコ3つただげ。へば（そうすれば）いづでも山がら降りで来るがらな。どれもうひとげり（一回）探してみるが。ウオー、ウオー（また、家じゅうまわる）。

【主人】ナマハゲさん、まんず、この餅こで御免してくなんしょ（ください）。

【ナマハゲ】親父、子どらのしづけ（躾）、がりっと（ちゃんと）して、え（家）の者、みなまめ（健康）でれよ。来年まだくるがらな。

・大昔からの行事で秋田県の男鹿地方では今なお続けられている行事です。
・右の問答を読むと地域の行事の中で子どもの教育がしっかりとなされているということがよくわかります。
・私は、このたび、『なまはげ』習俗を、昔ながらの家屋での行事の再現と、ビデオで実際のなまはげ来訪の様子を見せていただきました。

・『なまはげ』が来訪すると、その姿を見るだけで子どもたちは怖がり泣き叫びます。その子どもを抱きしめ、「なまはげ」から子どもを守り助けてくれるのが家族の大人たちです。

・子どもは家族の大切さを知り、自分がこの家でなくてはならない存在であることを自覚するのだと思います。家族と地域とのつながりによって子どもの心の教育がなされていたのだと思います。

地域に根差した教育の大切なことをつくづくと感じました。

稲城市にも昔から伝えられているお祭・行事があります。そんなことにも目を向けながら子どもの心の成長を願って城山小学校の教育を推進していきたいと考えています。

平成11年10月8日

―運動会を終えて、次のステップへ―

運動会の参観、そして、玉入れへの多くの参加ありがとうございました。保護者の方々の若い熱気と力強さ、学校への心強い支援を感じました。

子どもたちの活躍ぶりはいかがでしたか。伸び伸びと自分の力を発揮できていましたでしょうか。ご家庭に帰ってからの子どもたちの感想はいかがでしたか。

運動会を迎えるまでの練習も大変でした、水泳指導が終わってからのたった3週間の準備期間でしたが、集中的によくがんばりました。先生たちの夏休みの研修期間中の緻密な計画の成果でもあると思いましたが、子どもたちのやる気が功を奏したと思います。

学校の教育活動の中で子どもたちがやる気を出し、力を発揮できるということは、学校の教育活動に魅力があるということはもちろんですが、子どもの生活リズムが整い、学校に来てやる気を出してがんばろうという意欲をもって登校をしてくるということが大切だと思います。

前々からお願いをしている、子どもとの3つの約束に対するご家庭での3つの支援、ご家庭での協力の成果が表れているのではないかと思います。寝不足で学校に来たり、朝食を食べないで学校に来たり、やる気がないまま学校に来たりしていては、どの子も必ずもっていると思われる力も伸ばすことができません。小学校時代は人生にとって大事な大事な時期です。城山の子どもたちに十二分に高まってほしいと思います。子どもの一日一日、一時一時を大事にしたいと思います。

9月20日の児童朝会では子どもたちに、運動会を機会に「体力」をつけようというお話をしました。『体《からだ》』という字は『人の本』と書く、人間にとって「体力」ほど大切なことはない、学力を始め生活のすべてのもとになる。運動会というチャンスを生かして「体力」をつけようという話をしました。

これもまた、子どもたちといつも交わしている、合い言葉「できることをふやそう・すきなことをみつけよう」につながることであると思います。

このたびの運動会、また、運動会の準備・練習の段階で、できることはふえたでしょうか、すきなことはみつけられたでしょうか。

先日、世田谷文学館に出かけ、映画監督の《黒澤明の仕事展》という展示会を見ました。その中で、【まあだだよ】という映画の中の言葉、私にとっては、感動的な言葉を見つけました。その映画の主人公である大学の先生が大学をおやめになり、なお、門下生に慕われ、先生を囲んでの会を重ね、17回目を迎えたとき、その門下生の孫にあたる子どもたちに言った次の言葉です。

「私は、このケーキと一緒に君たちにあげたいものがある。言いたいことがある。みんな、自分が本当に好きなものを見つけてください。自分にとって、大事なものを見つけるといい。見つかったら、その大切なもののために、努力しなさい。君たちは、そのとき、努力したい何かをもっているはずだから。きっとそれは、君たちの心のこもった立派な仕事になるでしょう」

私と城山小学校の子どもたちとの合い言葉の「できることふやそう・すきなことみつけよう」の大切さを裏付けてくれる言葉でした。うれしくなって、しっかりとその言葉をメモしてきました。9月5日のことでした。

そして、偶然にも、9月18日（土）、NHKの衛星第二で、【まあだだよ】という映画が放映されました。そして、その門下生にあたる子どもたちにその言葉を言った場面をしっかりと見ることができました。

本当に感動しました。そして、城山小学校の子どもたちに

「自分が本当に好きなものを見つけてほしい」

と思いました。そのためにもさまざまな体験をして、できることをふやし、好きなことを見つけ、将来に向けての生き方を見つけてほしいと思います。城山小学校では今度は、学

習発表会を控えています。日ごろの学習にも力をいれながら、子どもたちの次へのステップとして大事にしたいと考えています。保護者のみなさんのご協力をよろしくお願いします。

平成11年11月17日

―元気に育ってほしい・城山の子―

秋も深まり、早くも初冬と言われるころとなりました。

この時期、天気が変わりやすいと言われますが、雨が降り、強い風がふいたかと思うと、一転して、抜けるような青空となったり、青い空と雲の動きが織りなす素晴らしい大パノラマを見せてくれたりしています。

特に城山小学校の校庭から見わたせる景色は限りなく壮大であり、素晴らしいものです。そして、その中で、元気いっぱいに過ごしてほしいと願っています。

先日のお天気の良い日曜日、所用があって車で一時間ほどのところに出かけました。日曜日の午前中で車も少なくゆっくりとドライブを楽しみながらというお出かけとなりましたが。途中で、ふと、『おかしいな』と思うことがありました。途中、何ヶ所も公園のそばを通ったにもかかわらず、『子どもがいない』『子どもが公園で遊んでいない』ということでした。

このお天気の良い日曜日、子どもはどこで何をしているのでしょう?

【家の中でテレビを見ている】【ファミコン・ゲームをしている】等々、とにかく、人とのかかわりをもたない状態で無我の境地に入りこんでいるのではないかと、思いました。

人間は、子どものうちに育つものです。

《三つ子の魂、百まで》
《躾は、子どものうちに》　と言われています。

幼いうちに人とのかかわりをしっかりもつことが、人間にとってとっても大切なことです。子どものうちに、外で元気に遊ぶことが子どもの成長の上で不可欠なことです。

しっかりと、社会性を育てていきたいと思います。

このところ、私は、休日に子どもが集まる場所に出かけることが多いですが、子どもにとっては特に目的がなく、保護者に連れてこられて集まってきたという場合、子どもは必ずといってよいほど、部屋の片隅に寄ったり、床に座り込んだりしてゲームに夢中になっている様子を見ます。

おかしな状況だと思います。

人間は、人がかかわりをもつ場所に出かけたら、それだけで多くのことが学べ吸収ができるのではないでしょうか。そんなときにいろいろなことを見て、自分の生き方を見つけていくことができるのだと思います。子どもにとっては、なおさら、大切にしたい一時であると思います。子どもは、この時期、自分にとって何が大切かということはわかりません。目先のおもしろさに興味を引かれ無駄に時間を過ごしていると考えることはできないのではないかと思います。親の考え方、大人の一言、声かけにかかっていると思います。

そして、《今、何が大切かを教えてあげてください》
《テレビ、ゲームより、おもしろいことを教えてあげてください》

子どもは、本当は、たくさんの友達と外遊びをしているときがいちばん好きなのです。ただ、みんなが外に出てこない、遊び方がわからないというのが実態ではないでしょうか。

城山の保護者のみなさんで協力して子どもにとって良い過ごし方を教えてあげてほしいと思います。

保護者のみなさんとはずいぶん年代が違うとは思いますが、私の子どもの時代は常に人とのかかわりがありました。戦後10年そこそこのころで、みんながみんな助け合って生きていかなければなりませんでした。親戚は寄り添い、地域はみんなで助け合い、それこそテレビがやっと出始めたころの時代です。

子どもはいつも仲間で寄り集まって遊んでいました。小さい子も大きい子もみんな一緒に夢中になって遊びました。楽しくって楽しくって、毎日が最高でした。それでも、その遊びの仲間の中で、社会での生き方を身に付けたと思います。その遊び仲間は、年を経た今でも心から睦みあえる友達であり、なくてはならない存在です。

人間のかかわり合いは幼いときからの経験から学ぶものであると思います。

城山小学校の子ども・保護者・教職員でそんなことも真剣に考えて、将来ある子どもたちを育てていきたいと思います。

11月20日（土）は**学習発表会**です。

ぜひ、ご都合をつけて参観してください。

どのクラスも今一生懸命準備中です。準備の様子等おうちで話題にしてください。

親子の会話は子どもを育てます。発表の内容のこと、友達とのこと、自分の感想等の話題が出ると良いですね。そして、当日の発表会に臨んでいただけると良いと思いま

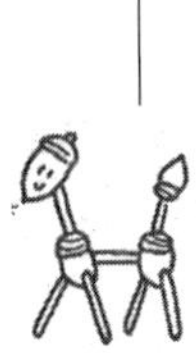

す。そして子どもを誉めてください。誉められるとまたまた子どもはやる気を出してがんばることと思います。

　そして、この機会にぜひ、城山小学校の教育の全体を見てください。

　城山小学校の教育の中で子どもは成長をしています。城山小学校ではたてわり遊びにも力を入れています。上級生は下級生をいたわり、助けあって生活をしているあたりもこの発表会で見ていただきたいと思います。

　合い言葉「できることをふやそう・すきなことをみつけよう」を実行できるまたとないチャンスだと思います。

平成11年12月15日

—冬季休業日（年末・年始）を有意義に—

　子どもの日々の体験が子どもを成長させる、ということを折りにふれて申してまいりましたが、冬季休業日（年末・年始）ほど、子どもを成長させる良いチャンスはありません。今年度の冬季休業日は、前後のお休みを入れて12月25日～1月10日までといつになく長い

冬休みです。
有意義に活用してください。

> 冬季休業日（年末・年始）は合い言葉「できることをふやそう・すきなことをみつけよう」
> を実践するまたとないチャンスです。

前回の校長だよりで、テレビを見るより、ファミコンをするよりおもしろいことを教えてあげてくださいと書きましたが、年末・年始はその良いチャンスであると思います。子どもにとって、いろいろなことが自分でしっかりできることは、とても大きな喜びを感じ、たくましく成長をしていくのです。

年末は大掃除をしながら家族で協力をして仕事をする喜びを体得する。

今ではあまりいろいろとやられなくなりましたが、年末は大掃除、新年を心も新たに迎える諸行事を各ご家庭、それぞれのやり方でやられてはいかがでしょうか。無理のない範囲で、気持ちを新たにという意味を込めて何かしらなさってはいかがでしょうか。

子育てをする上では子どものためにちょっとした演出も必要ではないかと思います。

雑巾、ほうき、掃除機を使わせる。お料理のお手伝いもさせる。できたら子どもが責任をもって自分だけでやれることを増やしてあげる、「できることをふやす」チャンス作りをしてほしいと思います。

大晦日には、年越しそばを食べたり、この日だけは家族そろって夜も遅くまでテレビを見るのもいいかなと思ったりします。

年始は家族そろって新年を迎えるご家庭も多いことでしょう。

家族そろって、ちょっと新たな気持ちで食卓を囲む、いつもと同じ食事でもお箸だけでも「寿」の新しいものを準備すると心も新たになるものです。私の家も共稼ぎでいつも忙しくしているものですから、子育てをしている責任からそのような場面作りには努力をしています。新年のご挨拶も、たくさんできると良いですね。そして、子どもと一緒に遊んであげてください。お天気がよければ、凧あげ・コマ回し・はねつき等もいいですし、ボール遊びなど、親子で近所の人と一緒に遊ぶのがいいですね。家族みんなで、かるたやすごろく、トランプ、ゲームに興じ、笑い転げるのも良いですね。お年玉もほんの少しはあると良いかなと思います。そしてこの際にお金の大切さ等の、人間が生きる上で大切なも

のの考え方等、話し合うのもお正月のひとときにできることではないでしょうか。

家族のそれぞれがあれもしたいこれもしたいとあると思いますが、子育て第一に考えていただきたいと思います。先日、若いお父さんと思われる人が、漫画の本を読みながら、4才位の幼児の手を引いて歩いているのに出会いました。おまけに子どもは車道側でした。なんとも言えぬ心寒くなる思いがしました。子どもをもち、親になった以上、子どもというときはせめて子どものお手本になる努力をしていただきたいと思いました。


今から、冬休みの予定を立て、年末の1日・2日は大掃除を、年始の2・3日は子どものためにと、良いお正月を過ごせるようにお願いをします。そして、余裕があったら、書き初めをはじめとする勉強にも付き合ってあげてください。過保護も困りますが、子どもは今、生活のすべてにおいて、勉強中です。学習だけでなく、身の回りの始末、人づきあいのことなど、身をもって体験し、身に付けていく手助けをしてあげてください。

幼いときに物事の善し悪しを教えておくことが大切と思い、よけいなことと思いながら書かせていただきました。中学生・高校生になってから、あれはだめこれもだめと言っても言うことは聞かないし、言って聞かせるのに幼いときに言って聞かせる説得の10倍20倍の労力がかかることになり、そのあげくが反抗するという形で表れてくると思い、書きました。「三つ子の魂百まで」「躾は小学生のうちに」と言われるもとだと思います。冬休みを有効に使って、子どもたちにいろいろな経験をさせて、自信を持って育ててほしいと思います。また、稲城市内には立派な神社もあります。地域の神社等に家族でお参りに行くのも良いのではないでしょうか。知識を得、地域に親しむことが子どもを落ち着かせ、地に足のついた生活をさせるもととなります。

平成12年1月17日

―「総合的な学習の時間」について―

平成14年度から新しい学習指導要領により学校教育が推進されます。新しく「総合的な学習の時間」が設けられることになります。「総合的な学習の時間」が新しい学習指導要領に、設けられた趣旨は、次のようなことからです。

> 「総合的な学習の時間」を創設する趣旨は、各学校が地域や学校の実態等に応じて創意工夫を生かして特色ある教育活動を展開できるような時間を確保することである。また、自ら学び自ら考える力などの「生きる力」は全人的な力であることを踏まえ、

国際化や情報化をはじめ社会の変化に主体的に対応できる資質や能力を育成するために教科等の枠を超えた横断的・総合的な学習をより円滑に実施するための時間を確保することである。

「総合的な学習の時間」とは、国語や算数のような教科ではありません。子どもにこれからの将来を「生きる力」を育むために、教科等の枠を超えた自由な発想のもとに、大らかに学習をし、学びをふくらませ、深めていくという勉強が大切であるという考えから新設された時間です。

・自ら課題を見つけ、自ら学び、主体的に判断し、よりよく問題を解決する資質や能力の育成
・学び方やものの考え方を身に付け、問題の解決や探求活動に主体的創造的に取り組む態度の育成
・自己の生き方を考える態度の育成

「総合的な学習の時間」のねらいは自分から積極的に学習し自分の能力を伸ばし更に高まることができる時間を取ったということになります。

その学習の課題としては次のような課題が考えられるということになります。

・国際理解、情報、環境、福祉・健康など横断的・総合的な課題
・児童の興味関心に基づく課題
・地域や学校の特色に応じた課題

「総合的な学習の時間」は3年生から6年生に新設される学習です。

1・2年生での生活科の学習をもとに、日ごろ興味をもっていることを更に調べたい深めたいという気持ちで新しい学習に取り組んでほしいと思います。

自分で課題、勉強したいことを見つけるということで、今までの先生から教えてもらうという教師主導の学習より、幅広い学習ができるようになるのではないかと考えます。

ただ、今までの受け身的学習から、自分から勉強をしたいという積極的な意欲が求められることになります。

今までのように言われてからやる、また、言われてもやらないというような状況を打破し、日ごろから自分の周りのことに興味や関心をもち、更に物事を知りたいという気持ちをもつことが大切であり、そういう気持ちになることが「総合的な学習の時間」のねらうところであります。

私は「総合的な学習の時間」とは、城山小学校の合い言葉「できることをふやそう・すきなことをみつけよう」を実践するための時間であると考えます。

城山小学校では保護者のみなさんに、いつも、教育・子育てをどうしたらよいかと提案もし、考えてもまいりましたが、今までにも増して子どもたちに積極的に学ぶことができるように支援をしていただきたくお願いします。

城山小学校では、今年度から校内研究の中で「総合的な学習の時間」について、研究を深め、教育改革に備えています。

平成12年度から平成13年度までは、新しい学習指導要領のための移行期間として教科書も移行期間のものを使用し学習をすることになっています。「総合的な学習の時間」とは、国語や算数のような教科ではないので、教科書は作られません。

そして平成14年度から全面的に改訂された教育課程で学習することになります。

また、詳しくは機会あるごとにご説明をしていきたいと考えています。

平成12年2月10日

―稲城・地域を知る―

1月は行く、2月は逃げる、3月は去るとはよく言ったものです。

3学期が始まったと思いましたら、2月も半ば、後、30日ほどで11年度も終わります。一日一日を大切に過ごしたいと思います。特に、子どもたちにとっての一日は貴重なものです。周りの大人が、心してかかわってあげることが大切だと思います。

子どもたちは後2ヶ月たらずで新しい学年に進級します。6年生は中学生に進学することになります。この節目の時を大事にし、更なる飛躍をしてほしいと願ってやみません。

さて、このたびの校長だよりは、「稲城・地域を知る」ということでお便りを書かせていただきます。

時々の、学校だよりや、校長だよりで『地域に根ざした教育』の大切さを言ってまいりましたが、この冬休みにも、子どもたちからは、「お正月にお参りに行ってきたよ」とか、「ドンド焼きに行ってきたよ」という話がちらほらと聞こえてきました。このようなことは大人にとってはなんでもないことのように思えますが、子どもを落ち着いた心の持ち主にするうえで、教育の最も大事なことではないかと思います。大人はちょっと時間が取れ、余裕あったら、たまには、旅行でもと考えますが、私はそれもいいとは思いますが、時間があったら、たまには家族で近所を散策したり、スポーツをしたり市内の名所・旧跡を訪ねたりしたらいかがかと思います。子どもが地域を知ることが心を地につけた、心豊かな子どもに成長をするもととなると考えます。

14年度からの新教育課程での教育については一月の校長だよりで書かせていただきましたが、今、城山小学校では、教職員全員で新教育課程について研究中です。先日は校内の研究会で稲城のことをもっとよく知ることが大切であるということで研究会をもちました。『稲城の歴史と文化財』というテーマで稲城市の社会教育課の学芸員の小谷田正夫さんをお招きしお話をうかがいました。

私も新しく知ることが多く大変勉強になり、また、改めて稲城に親しみをもつようになりました。次のような貴重なお話をうかがいました。

稲城で**5万年前の旧石器**が発掘された。

昭和62年5月、稲城市坂浜の多摩ニュータウン造成地から、発掘されたそうです。「多摩ニュータウンNO471B遺跡」と名付けられました。都内で発見された石器は、すべて3万年前以降の後期旧石器時代のものだそうで、5万年前のものは都内で初めてだそうです。石器を使って生活をしていた人がこの稲城の丘陵に5万年前から住んでいたということがわかります。調査の結果、石器は他の場所で作られてから、ここに運ばれたということです。

平尾台原遺跡

昭和52年から53年にかけて、平尾住宅の北側の台地に広がる遺跡で縄文時代から古墳時代にかけての各時代の遺跡・遺物が発見されたそうです。

平尾の台原の辺りで、縄文中期や古墳時代の竪穴住居跡が見つかり、約7千年前～約千三百五十年前ごろには、ここに集落があり、長きにわたり人が住んでいたことがわかるそうです。それだけ稲城は住みやすいということになります。

また、

・火工廠多摩火薬製造所（現在の米軍多摩レクリエーション施設）
・妙見尊の、蛇より行事（8月7日に行われる。萱を撚りあげ100～150Mの大蛇を作る。）
・瓦谷戸窯跡（大丸で見つかった、奈良時代の窯跡）
・梨づくりの歴史

などについてもお話をいただきました。どれもこれも稲城の地域を知る上で大事なお話がいただけたと思います。子どもたちが自分たちの住む稲城のこのような歴史を知ることが更に多くのことに興味関心をもつもととなると思います。また、この歴史的にも、自然の恵みにも恵まれた稲城に育つことを幸せに思い心豊かな子どもに育つと確信します。

稲城のこのような情報は市役所の教育委員会・社会教育課の窓口に行くと資料が得られます。また、10人以上の人が集まって勉強会を開きたいときには生涯学習宅配便の方に申し込みをすると講師を派遣していただけます。

子どもたちにとっては稲城はふるさととなることでしょう。

この恵まれた地域で、しっかりと生き、「できることをふやし、すきなことをみつけられる」生き方をしてほしいと思います。

今、稲城の町では、椿やさざんか、梅がほころび、春間近を感じさせてくれています。

平成12年3月3日

―できることをふやそうカードについて―

弥生3月と言いますが、またの言い方を花見月とも言います.

寒い冬も過ぎ、いよいよ花の春となります。

本日は、今年度、最後の保護者会へのご出席をありがとうございました。

学校だよりでもお知らせいたしましたが、「できることをふやそうカード」へのご協力もありがとうございました。早速、子どもたちから声が寄せられています。学年の終わりに自分の生活を振り返ることにより、また、次へのステップへがんばる気持ちがより高く持てることだと思います。「できることをふやそうカード」は昇降口に置いてあります。お子さんが、まだ、持ち帰ってないご家庭ではぜひ今日お持ち帰りくださり、子どもと相談の上お書き込みください。一年間、さまざまな体験があったことがよくわかります。

私も卒業を控えた6年生の子どもたちに何か良い体験をし良い思い出としてほしいと思い卒業記念に、私と、6年生（5・6名のグループ）の給食の会食時にお抹茶を立ててご馳走することにいたしました。小さな和菓子を一つずつ食べて、お抹茶を飲むという簡単なお茶会をするようにいたしました。

校長室に入ったのがうれしいと最初はペチャクチャとにぎやかだった子どもたちも、懐紙の上にお菓子を取る時に、「箸の持ち方はね」と、教えると途端にどの子も神妙な顔でお箸を持つ練習をしていました。本当に簡単な、略式でのお茶会ではありましたがどの子も茶道に興味を持ったように思います。何時か、何かの折に城山小学校の校長室で、お抹茶を飲んだことを思い出してくれるとよいと思います。

平成12年度

平成12年4月11日

平成12年度が始まりました。子どもたちは新しい学年になり、希望に胸を膨らませながら緊張感を上手に生かして目標をもたせてがんばらせていきたいと思います。

平成12年度と13年度は、平成14年度の【新教育課程と完全週5日制実施】に向けての移行期間ですのでそのことを考えての教育活動、学校の運営となります。

これからの教育は、家庭と学校が手を結び、地域の協力を得ながらの教育、子育てが求められていると考えます。

今まで以上のご支援とご協力をお願いいたします。

本日は簡単なものではありますが、ご家庭での子育て・教育への支援、学校への協力にも生かしていただきたく、城山小学校の『学校経営案』をお示しいたします。

学校経営は日本の国の教育方針にのっとったものであり、東京都教育委員会の教育目標を受けた稲城市教育委員会の教育目標・基本方針（「学校経営案」の下の部分に書いてあります）に即したものです。

特に、稲城市教育委員会では、教育活動の３つの柱を定めています。

城山小学校の充実発展をめざして、
人間尊重の精神を基盤とした学校
経営:を行う。
城山っ子を育てる教育をする。

３つの約束に対してのご家庭での手助けのお願い
①生活リズムを整えて、朝、子どもを余裕をもって送り出す。
②子どもができることをふやす、手助けをする。
③子どもが友達を大切にする、良い生き方を示す。

↑

知育・徳育・体育のすべての面において、「できることをふやそう・すきなことをみつけよう」を合い言葉とし自分の可能性を探り、自分の得意な面を発見する努力をする。そのことにより生きがいを見つけ夢をもち、将来の生き方を決める基礎作りをする。保護者と教師はその手助けをし、地域の方々にも協力をお願いする。

《稲城市教育委員会・教育活動の３つの柱》
①稲城の子どもたちに「生きる力」をどう育てるか
②「特色ある学校づくり」をどう進めるか。
③「保幼小中を貫く教育」をどう創っていくか。

《稲城市教育委員会・平成12年度重点施策》
1　個性を生かす教育の充実を図る。
2　特色ある学校づくり・社会の変化に対応した教育の推進
3　幼児・児童・生徒の健全育成の推進
4　障害等に配慮した教育の充実
5　高度情報化社会に対応した教育の推進

＊社会の変化は急激である。その社会で生きる子どもの教育者として、教師は常に前向きに学ぶ心をもつことを忘れてはならないと考える。

学校経営案

城山小学校の概要
平成12年4月1日現在・開校9年目
多摩ニュータウン計画の一環として開校
児童数・２９２名　　学級数・10学級
教職員数・19名

「合い言葉」をめざして、教職員は、
①朝、児童を明るく迎え、学校生活を楽しくする。
②体験学習を多くし、できることをふやす教育をする。
③仲良しの友達のできる学級経営をする。

城山小学校の教育目標

○進んでやる子
◎思いやりのある子
○元気な子

児童との『合い言葉』
「できることをふやそう
すきなことをみつけよう」
(多くの体験をし、個性を見いだす)

教育目標をめざしての「合い言葉」を容易に実践するための児童との３つの約束

①元気に学校に出てくる。
②自分でできることをふやす。
③友達と仲良くする。

城山小学校では、下記の稲城市教育委員会の教育目標・基本方針・教育活動の３つの柱・平成12年度重点施策を受けて「教育目標」を【進んでやる子・思いやりのある子・元気な子】とし、上記のように子どもたちにわかりやすい「合い言葉」を決め、地域の方々にも協力依頼をしながら児童・保護者・教師の三位一体の教育を行う。

・稲城市（郷土）を愛する心を育てる。
・中学校と連携をもち将来に夢をもたせる。
・学校行事に進んで参加する心を育てる。
・女満別交流を有効に生かす。

稲城市教育委員会の教育目標
・人間尊重の精神を基盤とし、心身ともに健康で、知性と感性に富み、人間性豊かな稲城市民としての成長を願う。
・家庭・学校・地域社会及び行政が緊密に連携し、誰もが生涯を通じて主体的に学べる生涯学習社会の実現を図る。
・世界の平和と人類の福祉に貢献することのできる人間の育成を目指した教育を推進する。

稲城市教育委員会の基本方針
1　人権尊重の教育の推進
2　生涯学習の推進
3　児童・生徒の健全育成の推進
4　個性を生かす学校教育の充実
5　多様な学習機会を提供する社会教育の充実
6　文化・スポーツ・レクリエーションの振興

①稲城の子どもたちに「生きる力」をどう育てるか。
②「特色ある学校づくり」をどう進めるか。
③「保幼小中を貫く教育」をどう創っていくか。

私は稲城市教育委員会の教育活動の３つの柱のうち、《②「特色ある学校づくり」をどう進めるか。③「保幼小中を貫く教育」をどう創っていくか。》は学校の中での教育活動で工夫し実施することであると考えます。

そして、①の稲城の子どもたちに「生きる力」をどう育てるか は教育活動すべての基礎であり家庭と学校が協力して培っていく大切なことであり、大事な教育活動の柱であると考えます。①稲城の子どもたちに「生きる力」をどう育てるかを考えて城山小学校では教育目標を、人間の教育にとって大切な「知育・徳育・体育」をしっかりと身につけさせるために、

進んでやる子　思いやりのある子　元気な子

と決めました。

教育目標を達成するために今年度も

「合い言葉」を『できることをふやそう・すきなことをみつけよう』

とし、知（知識を得る）・徳（心豊かな子に育てる）・体（体力をつけ元気な子どもを育てる）のすべてにおいて、自分の可能性をとことん探ってほしいと思います。やる気を出さないと何もできない子どもになってしまいます。1日の時間の過ごし方を考えてみてあげてください。そして、12年度は3つの約束を更に定着をさせていきたいと考えます。

保護者のみなさんにはご協力をよろしくお願いします。

①朝、元気に学校に来る。

生活リズム（基本的生活習慣を身に付けること）を整えて、朝、子どもを余裕をもって学校に送り出してください。

②できることをふやす。

子どもは自発的に物事をやりたがるものです。子どもがやりたいという気持ちを大事に考えてなんでもできるように手助けをしてあげてください。

③友達と仲良くする。

子どもは人間関係の中で育ちます。子どもが友達を大切にし親子の会話の中で自分の生き方を見つけるような生活をしてほしいと思います。良い生き方を示してください。

平成12年5月17日

楽しい全校遠足が終わりました。

子どもたちは全校遠足の貴重な体験を心に、次のステップへと成長します。

稲城の町も花いっぱいで、うららかな良い季節です。

全校遠足も、ゴールデンウィークも終わり、子どもたちもそれぞれに進級した学年で落ち着いた学校教育活動への取り組みができています。

4月28日の全校遠足で、都立野川公園へ行ってまいりました。

兄弟学年（1・6年生、2・4年生、3・5年生）で仲良く手をつなぎ、公園では大きい学年の子は小さい子の面倒を見、小さい子どもは実に楽しそうに笑顔いっぱいで遠足を楽しんでいました。

子どもは、こういう体験で成長をしていくのだと、見ている私が楽しく、心からうれしくなる子どもたちの遠足の様子でした。

4・5・6年生の子どもは小さい子どもをお世話をするのは大変なことだったと思いますが、それぞれに工夫をして面倒を見ていました。

全校遠足に向けて、4・5・6年生の子どもたちにはおうちの人から声かけをしていただいたようです。

「小さい子をしっかり面倒を見るのよ」
「行き帰り、自動車に気を付けてね」
「行き帰り、危ないところでは、小さい子の手を放してはいけないよ」
「自分が疲れても、小さい子どもはもっと疲れていると思うのよ」

温かい励ましの言葉をいただいたようです。子どもたちの言葉の端々から、おうちの人たちの言葉が聞こえてきました。
ありがとうございました。このような協力があって、学校行事は成り立ち、子どもたちの成長へと結びつくのだと思います。
おかげさまで本当に楽しい遠足ができました。
遠足で、私が感動した出来事をお知らせします。

【自分勝手をしている低学年の子どもに優しい声かけをしている高学年の子】
【ふだんはわがままなところがあると思っていた子が、疲れて座り込んでいる子をなだめすかし手を引いて歩いている高学年の子】
【3年生のリュックを「甘えられるのは今年だけだからね」ともってあげてる、5年生の子ども（4年生になると高学年の仲間入りです）】
【1年生の子に、原っぱで、フリスビーを、やさしくやさしく、手を取って、根気強く教えている6年生の子ども】等々。

本当に心温まる場面を見ることができました。やさしさが育っています。低学年の子どもにとって、やさしさに触れる、やさしさを学ぶよい機会だと思いました。

今の子どもは外遊びをする機会が少ない、異年齢の子ども同志で遊ぶことが少ないと言われていますので、この兄弟学年での全校遠足は子どもの教育にとって本当に良い機会だと思いました。

今年度の本校の重点目標「思いやりのある子」の素地づくり、『できることをふやす、すきなことをみつける』良いチャンスだと思います。

授業参観

5月20日（土）は土曜授業参観です。ぜひ、保護者のみなさん、全員でご来校くださり子どもたちの学習ぶり、城山小学校の教育をご覧ください。そして我が子のがんばりぶりを見て、誉めて励ましてください。保護者の励ましが子どもに更にやる気を起こさせます。

そして、ご家庭での3つの支援の大切さを再認識していただけると助かります。子どもたちは、学校の中で精一杯がんばっています。元気いっぱいで登校をしてこないと学習に身が入りません。よろしくお願いします。

平成12年6月14日

早くも、一学期も残すところ、後一ヶ月あまりとなりました。

暑い夏の到来です。

12日には、雨のため、体育館ででしたがプール開きもいたしました。

一年のうちで子どもがいちばん生き生きと、心身共に大きく、たくましく成長する季節

ではないでしょうか。

　プールにおいては、水の楽しさと、水の恐さをしっかりとわからせ、事故のない水泳指導を実施し、泳力を伸ばしていきたいと思います。ご協力をよろしくお願いします。


　今年度は、新しい学年にも慣れたところで、この時期に、個人面談をいたします。子どもたちの確かな成長を願って、保護者の方と担任の教師との忌憚のない意見交換ができると良いと思います。

　個人面談をすることによって子どもの良さをお互いに更に知り合い、子どもをしっかりと伸ばしていけたら良いと思います。この子はどうせこんな子だとか、悪いところばかりを気にしていては、子どもの成長はありません。

　子どもはみんなどの子も良いところをいっぱいもち、「いい子になりたい」「親や先生に誉められたい」と思っているのです。大人が心を合わせて良い方へと導いていきましょう。人に誉められるといい気持ち、もっと誉められたいと思うものです。そんな、気持ちを大事にしていきましょう。

　日ごろ子どものことで気になること、担任の耳に入れておいた方がいいと思うことや我が子の自慢話など、いいことを、いっぱい担任に聞かせてください。

　1年に1回のこの個人面談を最大限に子どもの教育に生かしていきましょう。

おとうさん・おかあさん・おうちの人が先生と面談をすると、必ず誉めてもらえるそんな個人面談ができるといいですね。

もちろん、注意すべきことも、しっかりとしなければいけません。

生活習慣を身に付けること、学校、家庭での約束をしっかりと守ること等、わがままを言わないで、我慢をすること、忍耐力を身に付けることも大切です。

とにかく、個人面談を子どもの教育・子育てに活かしましょう。

お忙しい中、ご予定もおありかと思いますがよろしくご協力をお願いします。

うれしいお知らせ　いろいろなことで、できることがふえてきました。

一年生　がんばっています

5月31日、一年生が4・5月生まれの子どもたちのお誕生会をしているところへ行き合わせ、仲間入りをさせていただきました。入学したころ、甘えん坊の顔をしていた子どもたちが司会をし、挨拶をし、手作りのプレゼントをして、お誕生会を順調に進めていました。

その中でも特に私がうれしかったことは、子どもたちが実に楽しそうにいすとりゲームに興じていたということです。一クラスの児童がみんなでゲームのルールを理解し、仲良くゲームを楽しむということは大変な成長です。一年生の子どもたちは、もうしっかりと城山小学校の仲間入りができたと思いました。

子どもが大勢の友達とゲームが楽しめるということは精神的に自立を始めたということが言えると思います。人とのかかわりが楽しめる社会性が身に付いた「できること」が増えたということでしょう。（同じゲームでも、一人で夢中になるほかの人とのかかわりのないファミコン・ゲームボーイとは全然違います）

いよいよ梅雨入り
生きた授業・4年生の社会科

5月29日、4年生の社会科見学の学習で清掃工場の見学に行ってきました。新しい最新式の設備が整った素晴らしい工場です。子どもたちも感心して見ていました。
その後、ゴミのゆくえの一連の学習で4年生の児童は学区域、学校の周辺のゴミの実態を見に行き、ゴミ拾いをしてきました。そして見事にたくさんのゴミを拾ってきました。道路とか植え込みの中でのゴミの量の多さにびっくりでした。この経験で、ゴミを捨てない子になるのではないかと思いました。また、ゴミ拾いによって人の役に立てる喜びも感じ取れたと思います。こんな、学習経験が子どもを成長させていくのではないでしょうか。

◎もうすぐ**夏休み**。そろそろ夏休みの計画を立てる時期でしょうか。
ぜひ、子どもに生きる計画をお願いします。子どもがいろいろな体験ができるように、また、人とのかかわりの中で心温まる思いができるようにしてあげてください。そして合い言葉「できることふやそう・すきなことをみつけよう」のチャンスとしてください。
◎6月17日（土）の1～3校時は**城山まつり**です。
城山小学校の児童全員で手作りのおまつりを楽しみます。ご都合をつけてぜひ参観して励ましてください。これもまた、子どもたちにとって合い言葉「できることふやそう・すきなことをみつけよう」の絶好のチャンスだと考えています。

平成12年7月7日

いよいよ残すところ10日あまりで子どもたちが楽しみにしている夏休みです。

6月末には個人面談ごくろうさまでした。有意義な面談ができましたでしょうか。

来週には保護者会が開かれます。お忙しい中とは思いますが、また、ご出席をよろしくお願いします。小学生のうちは子どもは親が学校へ来ることを喜びます。中学校へ行くようになると少し嫌がるようになるのではないでしょうか。子どもが親を必要としている間は無理をしてでも出席してあげることが良いと思います。親を信頼し、大好きになることと思います。子どもが大きくなっても親に何でも相談をし、自分の生き方を決めていくもととなるのではないでしょうか。気がついたときには、親子の心が離れていたということにならないように、小学生のうちのかかわりを大事にしておくのが良いと思います。

　ところで、このところ、小・中学生を問わず、カードの収集がはやっているのをご存知でしょうか。遊戯王という名のカードだそうです。お店で買えば5枚で150円程度だそうですが、収集熱が高じて地域によって、子どもによっては、カードの種類によってはかなりの高額でとりかえっこ（取り引き）をしているようです。子どもがそのようなことをすることがないように気をつけることが大事ですね。

　なお、常日ごろから、お小遣いの使い方、お金の使い方にも気を配ることが大切かと思います。子どもの話の中に、高額のものを買ってもらったとか、いつも自由に使えるお金があるとか、ということを聞きます。子育てをする上で、金銭感覚をどのように育てるのかも大切なことと思います。子どものほしがるものをどのように買い与えるのではなく、我慢をさせることも大切ではないでしょうか。子どもを我慢強く育てるチャンスであるとも思います。家庭の教育方針をはっきりと子どもに言って、よその家と我が家とは違うのだということを子どもに言って聞かせることが大事だと思います。

◎　夏休みは計画的に

もうすぐ、**夏休み**。そろそろ夏休みの計画を立てる時期でしょうか。

ぜひ、子どもに生きる計画をお願いします。子どもがいろいろな体験ができるように、また、人とのかかわりの中で心温まる思いができるようにしてあげてください。そして合い言葉「できることふやそう・すきなことをみつけよう」のチャンスとしてください。

うれしいお知らせ

いろいろなことで、できることがふえてきました。

二年生　がんばっています

1年生のとき、2学級だった2年生が児童数が減ったために1学級になってしまいました。急に一クラスの児童の数が増えて戸惑っている子どもたちも多かったと思いますが、担任のF先生のご指導ですっかりしっかりとした学級作りができています。

子どもの成長って本当に頼もしいですね。

5月の末だったと思いますが、生活科で野菜の苗植えをしているところを見せていただきました。F先生とTT教諭のH先生との2人の授業でしたが、子どもたちは、それぞれに係が決まっていて協力をして仕事をしていました。その手際の良い、一生懸命がんばって仕事をしている様子がなんとも逞しくすがすがしく思いました。F先生の「子どもたち、よくがんばりますよ」という言葉にうれしくなりました。このごろの子どもは働くことをいやがる、つらいことをしたがらないと言われることが多い中、本当にいい様子が見られました。これからが楽しみです。

先日の学校だよりでも書きましたが、金子みすずの『ふしぎ』という詩に対しても2年生の子どもの全員が興味を示してくれました。うれしいことです。

思いやりいっぱいの、6年生

城山小学校の最上級生、6年生、12年度の入学式の前日準備に始まり、6年生のみなさんは本当に学校のためにがんばってくれています。特に入学式以来、当番を決めて、1年生のお世話をよくしてくれるので助かっています。1年生が甘えてわがままを言っても、やさしく根気強く面倒を見てくれる姿に感動をおぼえます。また、お休み時間には自主的に低学年の子に声をかけ一緒に遊んでくれたり、ときには、給食の後片付けのお手伝いを進んでしてくれたりします。6年生のこのような姿が城山小学校全体の子どもにやさしさを育ててくれているのだと思います。また、6年生自身が心豊かに成長をし、たくましく、立派に育っていると感心し、頼もしく思います。この気持ちを忘れずにこれからも伸びていってほしいと思います。

6年生は夏休みに入るとすぐに長野県の蓼科方面へ林間学校に行きます。自然豊かなところでの集団での2泊3日の林間学校です。家庭を離れて仲間との生活の中で多くのことを学び成長していってほしいと願っています。

平成12年9月8日

43日間もの長い夏休みでしたが、いかがお過ごしでしたか。子どもが43日もの長い間おうちに一日じゅう家にいるということは保護者にとっては大変なことだったと思います。それでも、今年のように気温の高い暑い夏ですと、子どもたちにとって夏休みという期間があって本当に救われた年だと思います。

長いお休みはどのように過ごされましたでしょうか。毎日、生活リズムを整えて、規則正しい生活ができましたでしょうか。

合い言葉『できることふやそう・すきなことみつけよう』と努力するための、子どもへの手助けはしていただけたでしょうか。

夏休み後の、子どもたちの様子を見ていますと、背が高くなり、色が黒くなり、たくましくなったと驚くものがあります。毎朝、玄関で「おはようございます」と声をかけながら子どもたちを迎えていますが、行動面においても、いろいろな成長を感じます。1学期のころと比べますと、甘ったれだった子どもが自分のことは自分でやるようになったり、元気よく朝の挨拶をするようになったり、友達と楽しそうにおしゃべりをしながら登校したりとその変化にうれしくなります。中には、心もち元気がないなと思ったり、一人ポツンと淋しそうにしていたりする子もいます。子どものいろいろな変化を見るにつけ、夏休み、どんな生活をしていたのかなと思いつつ、どの子も、また、2学期、思いっきり自分の力を発揮し『できることふやし、すきなことをみつける』ような生活をしてほしいと願います。

2学期は一年じゅうでいちばん長い、気候も良い過ごしやすい学期です。勉学に、運動に励み、自分に力を付け、伸ばしてほしいと思います。

また、2学期は城山小学校の行事の中でも大きな行事、運動会、学習発表会があります。子どもたちの平常の授業では見られない新しい一面を発揮する絶好のチャンスであります。子どもたちの動きに関心をもち、子どもたちの話に耳を傾け、子どもたちの成長のために、良いアドバイスをお願いします。保護者や回りの大人の一言一言が子どもを大きくたくましく育てます。
そして、2学期も、また、城山小学校の教育へのご協力をよろしくお願いします。

うれしいお知らせ

いろいろなことで、できることがふえてきました。

さすが、中学年、三年生。

低学年から、中学年の仲間入りをした子どもたちです。子どもって本当に不思議ですね。つい、数ヶ月前まで2年生で、低学年で、学校の中では一番のおちびさんグループで上学年のお兄さん、お姉さんにかわいがられていた、甘ったれのかわいこちゃんでしたのに、教室が2階になったとたんに、おすましの中学年になりました。その成長の変化は本当に驚きです。子どもの節目というものは本当に大事であると思います。もちろん、その変化は保護者のみなさんと、担任の大きな働きかけがあるものと思います。子ども自らはわからないことですが、子どもに変わって私からお礼を言いたい気持ちです。

何かの機会に、授業中に教室を訪問しますと、その落ち着いた学習態度に驚きます。この調子で学んでいけば学力も付き、大きく成長をしていくことと思います。子どもたちを誉めてあげてください。そして、また、学校教育への、ご協力をよろしくお願いします。

高学年の仲間入り、5年生

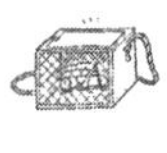

5年生もがんばっています。5月号の校長だよりで全校遠足の項でお知らせしましたが、【3年生のリュックを「甘えられるのは今年だけだからね」ともってあげてる5年生の子どもがいました（4年生になると高学年の仲間入りです）】ということに集約されると思います。いつも人にやさしくしたいという気持ちをもっているのだということがよくわかります。後、半年もすると最高学年です。この半年でさまざまな事を体験し、自分に素直な気持ちの良い生き方をしてほしいと願います。

また、5年生になって、新しく家庭科の勉強をするようになりました。調理実習をしたり、お裁縫をしたりする授業を参観させてもらっているときに思いがけない場面にでくわします。男の子の中にも、お料理、お裁縫を実に手際良くやってる子がいます。「家でもご飯の用意をするよ」とか、「縫いものするの好きだよ」と言う子もいます。新しい経験の中で、子どもたちの思わぬ一面を見ることができ、子どもたちの限りない可能性を見て何でもやってみることが大事だと思います。

学校でも、これからもいろんなチャンスを与えていきたいと思います。

9月15日は敬老の日です。私たちが毎日、楽しい日々を過ごせるのは、先人の努力のお

かげだと思います。身近な、生まれたときから、自分をかわいがってくれた、おじいちゃん、おばあちゃんに感謝の気持ちをあらわすことで、自分の生活を振り返り、そんな気持ちをまた、自分の生き方を考える機会にしてほしいと思います。

平成12年9月20日

楽しみにしていた「オリンピック」が始まりました。

15日の開会式、ご家族で、見られましたか。素晴らしかったですね。

160カ国もの多くの国が出場しての大イベントでした。本当に心から地球のみんなが幸せならいいのになと思い、世界の平和を願い、喜びたい一時でしたね。そして私は子どもたち、どんな気持ちでこの開会式を見ているかなと思いました。小学生は小学生なりにこのオリンピックという祭典を大事に考えてほしいと思いました。世界が平和であって初めてスポーツの祭典ができるのだということをわかってほしいと思いました。

そして、家族でそんなことを話題にしてオリンピックを楽しんでほしいと思いました。

18日の月曜日、児童朝会で子どもたちに、「今日のお話なんだと思う」と、問いかけると、一斉に「オリンピック」と返事が返ってきました。子どもたちも関心があるのだとうれしくなりました。

そして、柔道の田村亮子さんの金メダルの話をしました。

「田村亮子さん本当にうれしそうでしたね。田村亮子さんが金メダルを取ったことが、校長先生もとてもうれしかった。『ヤワラちゃん、良かったね』って、誉めてあげたい、と心の底から思いました。そして、どうしてこんなにうれしいのかと自分で考えました。そのわけは、ヤワラちゃんは小学校2年生のときから柔道を始めて、よくテレビにも出て、有名になりましたが、いつも、いつも、一生懸命がんばっていた、その姿が立派で、ついかわいく、応援をしたくなったのだと、いうことに思いあたりました。

後3週間で城山小学校の運動会です。城山っ子にとっては、運動会はオリンピックです。運動会をめざして今、練習中ですね。練習の間も自分のめあてをもって、しっかりとがんばり自分に力をつけましょう。運動会当日に1位を取ることがめあてではありません。自分の力を伸ばす努力が大切なのです」ということを話しました。

《できることが、もっと上手になるように、自分の記録が更に伸びるように》と、日々の努力が大切であることをわかってほしいと思います。かけっこは得意だからいいかげんに走っていても当日は一番になるからいいやという考えのもとに努力をしない子がいます。

学習、スポーツ、生活面、友達関係など、何に関してもだらだらといい加減に済まそうという子どもが増えているように思います。

小学生時代は成長期であり、【体力・気力】ともにここで力をつけておくことが大切です。

ぜひ【やる気】を育ててほしいと思います。

運動会。やる気を育てるチャンスです。一年一年のその時々の努力が子どもの成長にとって大切なのです。ご家庭での声かけがやる気を育てるもととなります。

毎日の会話が大事ですね。学校でどんなことをしたのか、友達と何をしたのかのお話をじっくり聞いてやってください。

《誉めてあげ、考え方を教えてあげ、ご両親の子どものころのことを話してあげる。お説教口調ではなくさらりと話をする。小学生時代、いちばん親と話をしたいときなのです。ここでじっくり親子の話し合いがないと、中学生高校生になって、親と相談もできない子になってしまいます。一人で悩み、……そして恐い17才となってしまうかも？》

驚かせるわけではありませんが、【今が大事】です。

ちなみに、今年の6年生の学年目標は【今が大事】です。素晴らしい目標を掲げてくれたと、うれしく思っています。

ご家族での「コミュニケーション」どうぞ大事にしてください。

《遊戯王》のカードご存知でしょうか。

7月の校長だよりでもお知らせしましたが、このところ、小中学生を問わず大流行の様子です。城山小学校でも遊戯王を巡るトラブルが校内にももち込まれてきています。カードでゲームをして取り引きがあるようです。

希少価値のあるカードには数千円から万単位の値段がついているカードがあるように聞いています。カード欲しさに多額のお金をつぎこんでカードを買い求めたり、ゲームをしたりしているようです。

お子さんの遊戯王カードに対する関心度を、気にかけてください。

現在、気になることが遊戯王だけというのはちょっと困りものですね。ぜひ、ご家庭で話題にして歯止めをかけていただくのが良いかと思います。

子どもの中には『遊ぼう』と声をかけることが『遊戯王をもって、来いよ』という声かけになっているとも聞きます。

子どもがどこに遊びに行って、誰と、どんな遊びをしているのか、気にかけることが大事だと思います。外で遊んでいても公園の片隅でカードを見せ合ったり、ゲームボーイをしていたりする姿をよく見ます。これでは、困りますね。子どもは外で友達と仲良く、元気よく遊んで、体力をつけ、社会性を身に付けることが大切です。

10月8日（日）は城山小学校の第八回運動会です。応援よろしくお願いします。

平成12年10月18日

運動会、ご参観ありがとうございました。

シドニーオリンピックの終わったすぐの運動会で、まさしく、子どもたちの気分もオリンピック気分でまことに華やかで楽しい運動会だったと思います。

オリンピックの名場面で、感動したと同じように、子どもたちの一生懸命がんばる姿に感動していただいたのではないでしょうか。私は一人一人のがんばる姿と各種目のアイデアと調和ある動きの中でしばしば感動を覚えました。

子どもたちの中にはさまざまな子どもがいて、思いっきり自分の力を出してがんばる子、照れやさんで気持ちがあっても思うように動けない子と、子どもによってがんばりかたは違いますが、一人一人の子どもたちはそれぞれによくがんばっていたと思います。

大勢の保護者のみなさん、地域の方々に、自分たちのがんばる姿を見ていただくことは、本当に自分たちの励みとなります。この経験を次の成長の糧とするようにと城山小学校の教育を教職員一同協力して推進していきたいと考えます。

ご家庭でのご協力をよろしくお願いいします。

運動会当日はどの子も児童会のスローガンの

『ゴールはすぐそこ　全力つくそう城山っ子運動会』をめざし、

開会式での約束どおり、

『きびきびとけじめをつけて、思いっきり』

とよくがんばったと思います。

●一年生かわいかったですね。上級生の迫力に目をまん丸としていた一年生でした。

「40メートル走」「玉入れ」夢中になってやっていましたね。この夢中になってやることが大切なのですね。それに団体演技の「おんでこでこ」の難しいポーズと動きがとても上手にできました。カラフルなTシャツと豆しぼりの鉢巻きがとても似合ってましたね。

●二年生、まとまってがんばっていましたね。その協力の姿がたくましくかわいらしかったですね。フラフープ、もち上げるだけで2年生の子どもたちには大変な力がいると思いますのによくがんばりました。腰でくるくる回すのも上手でしたね。私の子どものころは流行の新製品で買うのに大変な思いをしました。なつかしい遊び道具です。

●3年生、成長しましたね。先日の校長だよりにも書きましたが、低学年から中学年になってめざましい成長ぶりです。体の骨格が一回り大きくなったように思いますが、することなすこと成長したなと驚きの目でみてしまいます。こちらは黒のTシャツが映えてましたね。スティックと旗の動きがきれいでしたね。

●4年生、力いっぱいがんばっていますね。競争になったらがんばるのは4年生あたりがいちばんすごい年ごろかもしれませんね。自分の得意を生かした「チャレンジリレー」どの子も一生懸命でしたね。そして助け合ってがんばっている姿がとてもほほえましくうれしかったですね。「明日に向かって」の旗、子どもたちの手作りです。針と糸での縫いものは初めてだったのではないでしょうか。演技もよかったですね。

●5年生、「グリコ・ザ・ファイト」ゲームは子どもたちが考えたそうです。大人では想像もつかないようなアイデアでした。さすが高学年と感心しました。元気いっぱいの5年生らしい出しものだったと思いました。「夜さ来いRANBU」の鳴子も手作りで自分で色を塗ったものです。いい音していましたね。

●6年生、落ち着きのあるがんばりでしたね。さすが、最上級生です。昔からの運動会の定番「騎馬戦」もよく戦っていましたね。それから組体操これこそ練習に練習を重ねた結果です。運動会当日、ばっちりと仕上げていましたね。今の子どもは体力がないと言われていますが、協力してよくがんばったと思います。拍手喝采を受けていました。子どももやりがいがあったことと思います。

開会式・閉会式のセレモニーと競技等、そして高学年の子どもは係の仕事もありました。どれもよくがんばったと思います。やる気をだしてがんばったことはこれからの子どもの生活にプラスになって表れてくることです。これからも温かい目で見て励ましてください。

運動会の感想もたくさん寄せていただきました。心温まる感想を寄せていただきまして本当にうれしくなりました。保護者のみなさんの子どもたちと教職員への励ましとお誉めの言葉をありがたく受け止めこれから更に城山っ子を立派にたくましく育てていきます。

姉妹都市・女満別町（現在、大空町女満別）へ

8月23日から25日まで、2泊3日のスケジュールで、稲城市内の5年生の児童47名と引率者8名で、本市の姉妹都市、北海道女満別町を訪問しました。

市内各小学校から希望者を募っての訪問でしたので、稲城市の子どもたち同士が仲良くなれるという、またとないチャンスでもありました。今年は東京はいつになく暑い夏でしたので、涼しい女満別を期待して出かけましたが、北海道も今までになく暑いということで三日間、30度を超える暑さでした。それでも子どもたちは元気いっぱいで、交流活動を楽しんできました。

女満別空港では、女満別小ＰＴＡの交流実行委員会のみなさんの横断幕をもっての盛大な歓迎を受けました。

3日間の交流行事

〔1日目〕　歓迎式・駅前と図書館（駅と一体の造り）見学・じゃがいもほり

〔2日目〕　朝日ヶ丘展望台見学・バターづくり・パークゴルフ・オホーツク流氷館見学、バザールでの買い物、ホストファミリーとの対面式後ホームステイ先へ

〔3日目〕　ホームステイ先から女満別小へ登校、全校歓迎集会・5年生との交流学習・交流給食、女満別空港屋上での5年生児童とのお別れ式

このように、いろいろなところの見学や、豊かで楽しい体験をしました。特にホームステイでは、初めてお会いした方の家庭で一晩過ごし、良い経験をさせていただいたようです。明くる日、女満別小学校では、ブラスバンド部の演奏の中、全校児童に迎えられての交流会があり、その後5年生といっしょにゲームをしたり、押し花でしおり作りをしたり、おいしい給食、ホタテのカレーライスを食べたりして交流を深めました。子どもって素晴らしいと思いました。

たちまちのうちに女満別の子どもたちと仲良くなり楽しく過ごしていました。

女満別交流を振り返って

私が、稲城第八小学校に勤務していました平成元年度に、子どもたちが文通を始めたのがきっかけで、交流が始まり、その年度の2月に女満別町の児童が稲城第八小学校を訪れました。そして平成3年度には、稲城第八小学校の児童が女満別町を訪問しました。それが市内全体の交流へと広がり、今回で10回目の訪問となります。

この児童交流が姉妹都市提携のもととなり、現在、市内で広く交流が行われています。

私は、この児童交流は子どもの将来にとってたいへん意義深いものであると考えます。

　子どもが自分が住んでいる地域と異なる町を訪問し、その町に住む方々から歓迎を受けつつ、その土地ならではの経験をさせていただくということは、広く社会を知るという意味でとても大切なことです。これから国際的にも、情報化の点でもますます発展する社会で生きていく子どもたちにとって、とても大切なことであり、これからの子どもの人生にとっても意義深い、素晴らしい影響力をもつものと思います。

　今回、女満別に行けなかった子どもたちにも、いろんな面で関心をもってもらい、将来いろいろな形で交流ができるようになってほしいと思っています。

　女満別小学校の5年生の児童がスクールバスに同乗し、空港まで見送りにきてくれました。空港の屋上でお別れ式をしたときにはすっかりうちとけ、別れを惜しんでいました。

　今度は、平成13年1月10日～13日に、女満別町の子どもたちが稲城市に来て、交流会が行われます。そのときに、再会することを約束して別れました。1月の再会が楽しみです。

平成12年11月14日

学習発表会

学習発表会のプログラムが届いたことと思います。いよいよ、今週、土曜日は学習発表会です。

また、また、子どもたちの『できることをふやし、すきなことをみつける』チャンスです。今、子どもたちは準備と練習に一生懸命です。

家庭でも学習発表会のことを話題にして子どもたちのやる気を引き出してください。

子どもはそれぞれに個性豊かで、できることも、できる度合いも一人一人違います。子どもの特性をよく見極め、その子にあった良い点を伸ばしていくそんな声かけをしてあげてください。

運動会を見ていても、かけっこの得意な子、集団での演技で力を発揮する子、応援団でがんばる子、係の仕事で友達や下級生の役に立つのを喜びとする子、装飾や準備で自分の持ち味を発揮する子と本当にさまざまです。自分に与えられた仕事の中、自分の好きなことの中で自分に力をつけていくことが大切だと思います。

何をやってもいい加減で終わらせてしまうことは大変に残念なことです。そのときそのときを大事にしてほしいと思います。

子どもへの声かけ、応援をよろしくお願いします。

学習発表会においても、いろいろな出番があります。

学習発表会、「サー、やるぞー！」「楽しみ！」という気持ちが子どもを成長させます。ご家庭での声かけが子どものやる気を育てるのです。学校であったこと、思ったこと、考えたこと等、いっぱい、おうちの人に聞いてほしいことがあります。人間は自分の考えを人に話すことにより更に高まっていくものです。忙しいからと面倒がらずに話を聞いてあげてください。子どもたちには、ステージ発表、展示発表とさまざまなチャンスがあります。この一週間は特にそのための会場準備、練習等、楽しいと思えば本当に楽しい期間です。子どもが心から学習発表会を楽しめるように、自ら高まるように協力をお願いします。

そして、当日を楽しみにしてください。多くの人に見ていただくことにより更に自信をもち成長します。ぜひ、我が子の分だけでなく、城山小学校全体の教育を見てください。そして、また、子どもと友達のこと他学年の子どものことなどを話題にしてください。子どもが親と話をしたいという小学生の時期を大切に過ごしてください。

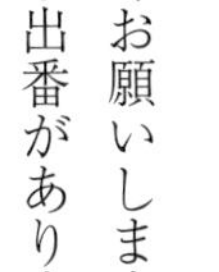

読書の秋・灯火親しむべし

運動会がありましたのでスポーツの秋を強調してきましたが、秋は気候がよく、読書の秋、芸術の秋、食欲の秋と、とにかく、何でもやりやすい季節です。

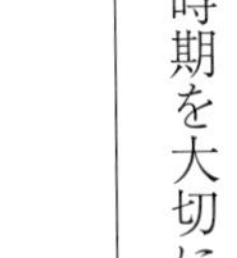

子どもたち、おうちで本を読んでいますか。

先日の児童朝会では1年生の子どもが学校で朝5分間の読書の時間をとっていること、そして、おうちでも読書をして何十冊の本を読んだというお話をいたしました。読んだ本の記録を読書カードに記録をしているということでそのカードを見せました。素晴らしいことですね。

秋の夜長です。テレビを見ている時間、ゲームをしている時間があったらぜひ読書を薦めてください。

読書は心の栄養と言われていますが、本を読むことにより心が豊かになります。そしていろいろな人の考え方がわかるようになり自分の考え方も大きな気持ちで変わってくると思います。小さいときから本を読む習慣をつけると良いと思います。

一人で読むのもよいし、読み聞かせをするのもいいですね。大人が読んだり子どもが読んだり家じゅうで楽しんでほしいと思います。


―秋の夜長　本に親しもう―

10月16日には、教育委員会主催の、『音楽鑑賞教室』が多摩市のパルテノン多摩大ホールで開かれました。

東京都交響楽団の演奏で、毎年、小学校は5年生、中学校は1年生が鑑賞します。

演奏曲目は、1　歌劇「カルメン」から「第1幕への前奏曲」　ビゼー作曲
2　交響曲第9番「新世界より」第4楽章　ドヴォルザーク作曲
3　楽器解説（弦楽器・木管楽器・金管楽器・打楽器）
4　マリンバとオーケストラのための「チャルダッシュ」　モンティ作曲
5　トランペット吹きの休日　アンダーソン作曲
6　管弦楽のためのラプソディ　外山雄三作曲

でした。なかなか生の演奏会にはいけないものです。良い経験ができたと思います。

会場はしんとして、物音も、声もなく、本当に音楽に聴きいるという姿で鑑賞できると良いと思いますが、なかなか難しいところです。経験が大きいですね。

小さいころに聞いた音楽がその後の人生に大きな影響があったという音楽家も多くいます。何が人生を変えるか、とにかく、いろいろな経験が大事だと思います。音楽に依って心が癒されるということも言われています。ときにはテレビ等でオーケストラの演奏を聞くような経験もいいですね。

平成12年11月24日

『学習発表会』の参観　ありがとうございました

11月18日、お天気にも恵まれ大勢の保護者や地域の方々においでいただきました。本当にありがとうございました。『学習発表会』は運動会と同じく城山小学校の学校行事の中では最も大きな行事であり、教職員、子どもたちが全力を尽くして取りかかる行事です。このような行事に大勢の方に参観していただくことは子どもたち、教職員にとって、とてもうれしいことです。

今回の『学習発表会』でもいろいろなかたちで、『国語・社会・算数・理科・生活科・音楽・図工・家庭科・体育』等の教科、それに加えて新しい学習の『総合的な学習』の発表と城山小学校の学習のすべてを見ていただきました。

今、世の中では、地域、保護者に開かれる学校、学校の公開と今までになく、学校の様子をみなさんに知らせながら、地域、保護者に協力を得て子どもを育てる、教育の推進を図るということが大事だと言われています。

城山小学校では開校当時より時代の先取りをしつつ、従来の学校行事とは異なった形、『学習発表会』での学校公開を行っています。

今年の『学習発表会』は特に新教育課程に向けて教職員が研究を重ねている、校内研究、

【意欲をもって課題に取り組む児童の育成】
～総合的な学習に向けて～

の、研究の成果も発表させていただきました。

平成14年度には新しい教育課程で、教育が行われます。3年生～6年生には新しく『総合的な学習』という学習が取り入れられます。平成14年度になって、そのときに困らないようにと今から教職員全体で研究をしています。

校内研は、低学年は生活科の中で、中学年は地域（南山・城山公園・平尾などの探検を通して）を素材に、高学年は植物（米作り・藍染め）、ボランティア、国際交流などを素材にと幅広く子どもが興味をもったことをテーマに取り組んでいます。

とにかく、子どもたちには自分からやる気を出すこと、意欲をもって課題に取り組むことが求められています。言われるからやる、いやいややるのでは困ります。自分から進んでやる子を育てることが大切です。いろいろなことで興味・関心をもち、やる気を出すようにと教職員は努力を重ねています。その一端が発表できたと思います。これからますます研究を深め広めていきたいと考えています。ご家庭でもご協力をよろしくお願いします。

それぞれの学年の発表、展示発表もステージ発表も学年らしさが出ていてとても良かったと思います。

1年生　入学して半年あまり、展示発表、図画工作それに書写、芸術作品のような石の置物、落葉の洋服と上手にできていました。それに野菜・かえる・もぐら・かみなりとみんなで仲良く協力してがんばっていたステージ発表「はたけのしたはおおさわぎ」とどれもかわいかったですね、思いっきりがんばっていました。

2年生　かわいいピエロの絵のきれいなこと、すてきな色づかいで立派に描けていましたね。それとステージ発表、先日1年生と行った生活科の多摩動物公園の動物の学習の発表、いちばん調べたい動物を見学してくるという見学の着眼点にも感心しましたが、1年生を連れて本当に良く勉強を楽しませてくれました。

3年生　初めての毛筆の作品から、「モチモチの木」の書き込み、木の車と中学年らしい成長を見せながらの展示の発表でした。ステージ発表の「アナグマの持ちよりパーティ」では、ものに埋もれている私たちに大事なことを教えてくれました。「光と影のハーモニー」ではしっかり理科の勉強を楽しませてくれました。

4年生　版画の作品、工作と力作がならんでいました。道徳の「あいさつをしよう」の標語がなんともかわいく良く書けていました、あいさつをするのが楽しくなりますね。ステージ発表では社会の学習をしっかりとさせていただきました。参観していただいたみなさんにもためになったのではないでしょうか。音楽もよくがんばりましたね。

5年生　家庭科が始まりました。「ナップザック」、本当に上手に作っていました。「お米チャレンジ」総合学習です、大人には考えられないようなチャレンジがありました。ステージ発表においては5年生って、こんなことを考えているんだということがわかり、安心したり、かわいいなと思う出しものでした。

6年生　組木で遊ぼう、上手でしたね、木のおもちゃ作りの本職という感じがしました。ステージ発表、ボランティアの学習で学んだ手話の発表でした。全員が心を合わせて取り組んだという点がさすが心やさしい最高学年の姿ですね。合奏と合唱、ともに練習が大変だったと思いますがよくがんばりました。いい演奏でした。

どの学年の子どももかなりのがんばりでした、このがんばり感が子どもにとって大事な経験です。保護者のみなさんに見ていただくことに喜びを感じ、誉めていただき、成長します。更にお友達や他学年の子どもの作品を鑑賞して次へのステップへと高まっていきます。そして、自分自身の成長へとつながります。保護者のみなさんには、今回の「学習発表会」でも、たくさんの感想を寄せていただきました。次への教育活動への参考にさせていただきます。ありがとうございました。

この、「学習発表会」では、また子どもたちに自信がついたことと思います、この自信をこれからの生活に、学習に、生かしていきたいと思います。

今後とも城山小学校の教育へのご協力をよろしくお願いします。

平成12年12月12日

いよいよ12月、『師走』です。

『師走』とはと、辞書で引いてみましたら、

【(陰暦の)12月。太陽暦になってもその12月を指して、よく使われる】とありました。

『師走』とは当て字のようです。

教師の立場ですと、どうしても、教師が走るほどに忙しい『月』だから『師走』と思ってしまいます。事実、12月は学期末で忙しく、城山小学校の先生たちは走り始めています。大きな行事が2つもあった2学期を無事に終え、この行事を子どもたちの成長にしっかりと根付かせ、生かしたまとめをする月です。

2学期中も本当にたくさんのご協力をありがとうございました。

『運動会』『学習発表会』などの行事の参観と、各学年、いろいろな授業へのご協力もいただきました。保護者のみなさんに学校へ足を運んでいただくことが本当に多かったと思います。常に学校での子どもの様子を見ていただくことにより、子どもたちが励まされ、ご家庭での子育てに生かしていただけると考えます。そうすることにより、城山の子はま

すましっかりと育っていくことができます。

先日の学校だよりにも書きましたが、冬休みは子どもを育てるチャンスです。

『①お手伝い②行儀作法③人づきあい④お金の使い方⑤生活リズムの整え方』など『暮れとお正月』ならではの貴重な経験の期間と思います。

学校だよりでは
『①お手伝い』のことを書きました。ぜひ子どもに身に付くことをさせてください。

それに加えて、

『②行儀作法』……挨拶や食事の仕方、言葉遣いなど、ちょっと、気をつけてください。

『③人づきあい』……子ども同士でも、大人の人とでもお話しできるチャンスを作ってあげてください。

『④お金の使い方』……この機会に各家庭でのお小遣いの使い方、約束ごとを、きちんと守れるような話し合いをなさると良いと思います。

『⑤生活リズムの整え方』……一日の生活リズムを整えること、食事の時間、朝起きてから寝るまでの時間、将来的には自分で整えられるように仕向けられていくのが良いと思います。

小学生のうちにいろいろなことを身に付けることが大切です。小さいうちに身をもっていろいろな経験ができるようになっておくと、中学生・高校生になったときに、きちんとした生活ができるもとになるかと思います。
冬休み、ぜひ、子育てに生かしてください。

冬休みを有意義に

東京都は、『心の東京革命』として、次代を担う子どもたちに対して、親や大人が責任をもって正義感や倫理観、思いやりの心を育み、人が生きていく上で当然の心得を伝えていく取り組みを始めようと言い始めました。

今、社会では、子どもが、あたりまえの挨拶や公共の場での基本的マナーが守れないということで、なげかわしい状況であるということがよく言われています。城山小学校の保護者のみなさまにはみんなで城山の子どもを育てるという気持ちをもっていただきたいと考えます。まずは、先日の学校だよりでもお伝えしました、『心の東京ルール』としての次の～7つの呼びかけ～

○毎日きちんと**あいさつ**させよう
○他人の子どもでも**しかろう**
○子どもに**手伝い**をさせよう
○ねだる子どもに**がまん**をさせよう

○先人や目上の人を**敬う心**を育てよう
○体験の中で子どもを**きたえよう**
○子どもにその日のことを**話**させよう

ぜひ、心に止めてチャンスあるごとに声かけをしていくのが良いかと思います。わが子だけでなく、子どもの友達、近所の子、城山の子をみんなで育てていきましょう。

～7つの呼びかけ～を受けて、12年の11月5日に行われた「青少年教育国際シンポジウム～世界から聞こう、子育て・地域づくりの知恵」に参加した出席者一同から次のような『都民からの5つの呼びかけ』が出されました。

○できるだけ、わが子と一緒の時間をつくろう
○学校や先生の活動に協力しよう
○よその家の子にも、声と目をかけよう
○わが子や地域の子どもと一緒にボランティアしよう
○わが国の将来をまかせられる、たのもしい人間に育てよう

城山小の教師と保護者が地域の協力を得ながら一緒に子どもの教育、子育てをしていき

ましょう。

『心の東京ルール』『都民からの5つの呼びかけ』両方とも子どもを育てる大人として考えてみれば当然のことと思います。将来ある子どものために、協力し合いましょう。

12月2日・土曜日はごくろうさまでした。
◎3・4年生は、先日、総合学習で《南山たんけん》をし、多くのみなさんに付き添いのご協力をいただきました。そして、2日はそのまとめの発表の日でした。たくさんの保護者の方に参観していただきました。ありがとうございました。
◎6年生は、総合学習で国際交流ということで、インドのピーター先生に来ていただきインドのことを教えていただきながらチキンカレーの作り方を習いました。こちらも保護者のみなさんにたくさんのご協力をいただきました。ありがとうございました。

平成13年1月30日

21世紀になって3度目の雪が降りました。本当に寒い冬ですね。子どもたちは大喜びですが。大人にとっては雪は困りものですね。でも、雪はやはり神様からの贈り物です。子どもたちにはおおいに楽しんでほしいと思います。雪がっせん、雪だるまづくり、かまくらづくりと、外で元気に、たっぷり遊んでほしいと思います。今年の雪は、特に、土曜日、日曜日に、降りますので思いっきり遊べますね。

先日、1月20日に、稲城第四小学校の30周年記念式典がありました。そして、2月3日には、稲城第五小学校の30周年記念式典があります。稲城市では30年前に一度に2つの学校ができたということです。このことを機会に稲城の歴史について考えてみるのもいいですねと、先日の児童朝会で子どもに話しました。

3年生の社会科の副読本「わたしたちの稲城」を読んでみるといいですよと話しました。30年前・昭和46年・1971年、人口が3万人を越えて、稲城町が稲城市になりました。そして、稲城第四小学校と稲城第五小学校ができました。平尾団地ができて急激に人口増となったのですね。

その前、昭和32年には、人口が一万人になり、稲城第三小学校ができたのです。そして、そのときに稲城村から稲城町になりました。

その後、稲城の多摩ニュータウン区域に新しい町造りが始まり、昭和63年には向陽台小学校ができました。

そして平成4年に城山小学校ができました。

その後に長峰小学校と平成11年には若葉台小学校ができ、現在、人口は6万人を越え、なお増え続けています。新宿副都心に近いということで稲城の人口の増え方は急激です。

それでも、社会の情勢通り稲城市でも少子化は進んでいます。既存校では児童数がどんどん減ってきています。そうして学校の統廃合もされることになりました。

そんなことも、子どもと一緒に調べてみるのもいいですね。

子どもたちにとって稲城は故郷です。故郷の思い出をたくさんもってほしいと思います。自分の住む土地に愛着をもつことは大切です。そのことから精神的にも落ち着いた生活ができます。学習にも身が入り友達とも仲良く毎日の生活を楽しむことができます。私たち大人は、つい、毎日の生活の忙しさに追われ身の回りの自然や変化にも目を向けることも忘れていますが子どもと一緒に稲城に愛着をもつ心がけが大切かと思います。ゆっくりと稲城の自然に目を向けると心洗われる思いがいたします。私も、仕事に忙しく追われているとき、ふっと、城山小学校の周りに目を向けることにより、ほっと、一息、心和ませています。

さて、新学期早々に、稲城市の姉妹都市、女満別町より五年生児童が来校、交流会を行いました。

そのときの付き添いの保護者の方々は来るたびに稲城は変化していると驚いていました。いつも見ている私たちにはわからない変化も、時をおいて稲城を見る女満別の方たちにはよくわかるのでしょう。

さて、女満別交流会についてですが、1月11日、朝から全校児童でお迎えをし、その後は5年生とタコづくりをしたりタコ揚げをしたりして一緒に楽しみました。そして5年生の保護者の方々が作ってくださったさつまいもケーキを食べたり給食を食べたり楽しく過ごしました。子どもたちの間でまた新しいおつきあいが始まるのではないかと思います。

気候風土や習慣が異なる地域を知るということは、私たちの生活にとってとても大切なことです。まして、子どもたちにとっては大変勉強になることです。双方の子どもがお互いの様子を知らせ合いコミュニケーションを取ること、お互いの地域を知ることがこれから、成長していく子どもにとってとても貴重な経験となることと思います。

このたびの交流で女満別の新しいお友達ができたのではないかと思います。新しい世界が広がったかなと思います。

そんなためにも、稲城のことがいろいろとわかっているといいですね。機会あるごとにいろいろなことに関心をもってほしいと思います。とにかく、女満別交流も子どもたちにせっかく与えられたチャンスです。一声かけてチャンスを生かしてあげてください。

平成13年2月22日

立春が過ぎまして暦の上ではもう春が来たという時節ですが、まだまだ寒い日が続いています。

今年は1月の3回の大雪に始まり本当に寒い日が続いていますが、城山の子どもたちは、元気いっぱいです。

先日、17日の土曜日には、保護者のみなさんにご奉仕のご協力をいただきました。ありがとうございました。20人以上のみなさんの協力がいただけました。お父さんにもたくさんおいでいただきました。貴重なお休みを学校のためにとおいでいただき本当にありがとうございました。さすが男の方は力も強く、剪定の仕方もわかっていらっしゃるようすでとても助かりました。

学校の樹木、主に校庭の周りの土手の山桃の木の枝払いをしていただきました。おかげさまで日ごろ気になっていました学校の周辺の木がすっきりといたしました。学校は常日ごろから、子どもたちにきれいな環境の中で過ごさせてやりたいと思いつつ努力をしていますが、なかなか手が回らず困っています。

先だって、9月21日のときにも、やはり学校周辺の土手の溝清掃をお願いしました。いつも、みなさんの力を頼りにして本当に申し訳なく思っています。

1月の大雪のときには5・6年生の子どもたちが全員で雪かきをしてくれました。高学年の働く姿、とても立派でした。人のために役に立つということが喜びなのですね。汗だくで一生懸命やっていました。よく見ているととても気配りができていることがよくわかります。周りの人の動いている様子を見て自分が動く、実際にやってみないとわからないことですね。高学年にとっては貴重な経験ですね。学校がきれいになって、そして自分のためにもなる。そしてみんなから感謝される、子どもたちにとって、とても良い体験ができたと思います。

これも、常日ごろから保護者のみなさんが、学校や子どもたちのためにと協力を惜しまず、努力をしていただいているおかげだと思っています。

12年度もそろそろ終わりますが、進学・進級に向けて更に大きく成長していってほしいと思います。

2月18日の日曜日、城山文化センターで「稲城国際交流の会」がありました。稲城市に在住の外国人と稲城の人たちの交流の会です。

大人から小学生までと幅広い年齢層の方がスピーチをしました。外国人は日本語で、日本人は外国語でと、歌があったり舞踊があったりと楽しい一日を過ごしました。民族料理もふるまわれました。

稲城市国際交流委託事業で、４年目・第４回となりました。

今年は城山小学校の子どももそのスピーチに参加しました。

１年生のＫ・ＫくんとＵ・Ｎくんの２人は「僕の住んでいたところ」というテーマでイギリスとアメリカのことを話しました。

同じく１年生のＫ・Ｋくんとお兄ちゃんのＵ・Ｋくんは「ＫとＵ」というテーマで自己紹介をしました。

４人とも英語でのスピーチでした。かわいい、それでいてしっかりとした英語での話しぶりで、会場のみなさんから拍手をいっぱいいただきました。４人ともお父さんのお仕事の都合でＫくんはイギリス、ＮくんとＫくん兄弟はアメリカでの生活経験があります。日本語も上手にしゃべれますが、英語もしっかりと覚えているのに感心しました。

いい経験をしてくれたと思います。自分にできることを生かして活躍の機会を生かす、素晴らしいことだと思います。

どの子にも自分でできることをつくり、それを更に伸ばし、生かす努力をしてほしいと思います。学習でも、スポーツでも、お手伝いでもなんでもいいですね、とにかく体験をして「できることをふやし、すきなことをみつけてほしい」と願っています。いつか、どこかで自分の持ち味を発揮できるチャンスがあるといいですね。

火の用心

2月9日から16日の、1週間の間に向陽台地域で3件の芝生や枯れ草が燃える火事がありました。学校では避難訓練などの機会に子どもたちには常に言って聞かせてはいますが、このたびは、消防署の署長さんにおいでいただき、児童朝会で火の恐ろしさについてお話をしていただきました。ご家庭の方でもあらためて火事の恐さについて話してください。このごろ、ライターがあちらこちらと無造作に捨てられているのが見られます。困ったものです。ご指導、よろしくお願いします。

平成13年3月17日

三寒四温とはよく言ったものです。温かくなったと思ったら、急に冷え込み春はなかなか近づいてくれないようです。それでも、遅咲きの城山小学校の梅の花も満開となり、よい香りを放っています。

平成12年度もいよいよ終わりです。平成14年度には週5日制となり新しい教育課程での教育活動が始まります。13年度は移行期間の最後となります。

城山小学校では11年度、12年度と新しい教育課程に向けて、校内研究のテーマを「意欲

をもって課題に取り組む児童の育成」‥総合的な学習に向けて‥として研究に取り組みました。

12年度を終わるにあたって、1年間を振り返り校内研究で学習したことを次年度へのしっかりとしたステップとしたいと考え、先日、教職員の校内の研究会でそのまとめの報告会をしました。

学年ごとの学習については、すでに学年だよりや学級だよりでお知らせをしたり、子どもたちがおうちでお話をしたりしてご存じかと思います。そして、ご家庭での子育ての中で、できることがありましたら子どもと一緒にやってみていただけたらよいと思います。

新しい学年へのしっかりとしたステップとして歩みだしてほしいと願います。

一年間をふりかえって

低学年はサブテーマを

「他者とよりよくかかわる力を育てる指導法の工夫」として1年生のめざす児童像は「友達や先生とよりよくかかわることができる子ども」ということで「こころもからだものーびのび」体育の授業の中で、「からだほぐしの運動」として、おしくらまんじゅう・新聞紙を丸めて遊び道具にしたり・風船をふくらませてつついたりして楽しく遊んだり

「このゆびとまれ」をして友達と仲良く遊んだりしました。何気ない遊びですが子どもたちは生き生きと楽しんでいました。

子どもたちには、多くの経験をさせてあげることの大切さをこの研究で教師自身が思い知らされました。

２年生のめざす児童像は「かかわりの中で、自分の願いや思いを伝えたり、相手の思いを受け入れたりすることができる子ども」ということで題材を「わくわくリズム」として音楽科の授業の中で、手遊び歌、遊び歌として、ちゃつぼ・アルプス一万尺・茶摘み・なべなべそこぬけ・とおりゃんせ・はないちもんめなどで、実に楽しく遊びました。お父さんやお母さんにとっても懐かしい遊びではないでしょうか。スキンシップにもなり、子どもの心に落ち着きが出て、安定した心の持ち主になるのではないでしょうか。そして子どもとのかかわりがなおいっそう深まるのではないでしょうか。

中学年はサブテーマを

「地域に目を向け、体験的な活動を通して、より稲城を知る学習活動の工夫」として中学年のめざす児童像として

・地域に親しみ自ら働きかける子ども

・地域の中で発見したことをもとに自ら課題をもち、その解決へ向けて取り組む子ども

・経験したこと、学習したことを生活に生かしながら地域に愛着をもつ子どもということで、総合的学習の時間の中で、「たんけん平尾」「とびだせ南山たんけんたい」「若葉台たんけんたい」と稲城市内の中で、大きく3地域の探検を3、4年生合同のグループを作って、相談をしながら、助け合いながら学習をしました。保護者のみなさんにも多くの協力をいただきました。ありがとうございました。稲城に住んで稲城を知るということは、子どもたちが地に足のついた落ち着いた生活をすることであり、何物にも変えがたい「心の教育」であり、将来を生きる力となると確信いたします。

高学年はサブテーマを

「自然に親しみ創造的に取り組む学習活動の工夫」として高学年のめざす児童像として

・さまざまな事象に興味・関心をもち「をしたい」「を知りたい」という課題をもつ子ども
・課題を自分の力で追求していく子ども
・みんなで協力して活動し、自分や友達の良さ自分の成長や学習の楽しさに気づく子ども

ということで、総合的学習の時間の中で、5年生は「お米チャレンジ」。社会科で行った米栽培の経験を生かし、米のもつ可能性をいろいろな面から追求し、米に対する関心や愛着を深める。お米作りをし、お米料理にチャレンジをしたり、日本とインドのお米の食べ方の違いを調べたりしました。

６年生は総合的な学習についての意見を聞くことから始め「家族へのおくりものを作ろう」ということで、藍を育て、藍染めをし、のれん・クッション・てさげ・テーブルセンターなどの贈り物作りをした。その他ゲストティーチャーを迎えてインド風チキンカレーづくりをしたり、社会福祉協会の協力を得てボランティア活動体験学習として手話の学習をしたりしました。

低・中・高学年の子どもたちそれぞれに新しい経験をしました。

ご家庭でできることがあったらぜひ子どもと一緒にチャレンジしてみてください。

低学年の子どもとは風船で遊んだり、手遊び歌などはいかがですか。人とかかわることの大切さ、体を動かすことの大切さを改めて見直してください。

中学年の子どもたちのように、地域を知ること、愛着をもつこと、子どもにとって大切なことです。ぜひ一緒に探検してみてください。

高学年のように食物、植物に目を向け、自然の大切さに目を向けることも大切です。

とにかく子どもたちにはいろいろな経験をしてほしいです。

そして、合い言葉「できることをふやそう・すきなことをみつけよう」のためのご協力をお願いします。子どもが将来の生き方に夢と希望がもてるように春休みいいチャンスだと思います。

平成13年度

平成13年5月15日

稲城の野山の自然の様子も刻々と変わっています。緑の色が、種々さまざまで、こんなにも見事であったのかと目を見張る思いがいたします。子どもたちにこの自然の豊かさをじっくりと愛で、心を豊かにしてほしいと思います。

ゴールデンウイークも終わり、いよいよ、13年度の教育活動が落ち着いてできる時期となりました。

連休で、久しぶりとなった、7日の月曜日の児童朝会では子どもたちに、「3つのうれしかったこと」のお話をしました。

保護者のみなさんにもぜひお知らせしたく掲載します。

まず1つ目は全校遠足のこと。

4月27日（金曜日）の昭和記念公園への遠足についてです。私は行きも帰りも1年生と6年生の兄弟学年と一緒に歩きました。そのときの様子を見ていてとてもうれしかったことを話しました。とにかく、1年生はとてもがんばって歩きました。6年生に手をつながれて小さな体で一生懸命歩いている様子はとてもかわいく頼もしいものでした。それでもだんだんに疲れてきた様子でした。そこで6年生の出番となり1年生のリュックサックを背負ったり、特に帰りには、がんばって歩く1年生にやさしい声かけをしたり、おんぶしたり、だっこしたりと、自分たちも疲れていると思うのに本当にやさしく対応をしていました。1年生にとっては、6年生のやさしい心に接することができたこと、とても良い経験になったことと思います。

また、6年生にとっては、いつもだったらわがままを言いたいところを、1年生と接して、1年生を心からかわいいと思う気持ち、1年生になんでもしてあげたいと思う気持ちが経験できたことはなにものにも変えがたい経験だったと思います。

人と人とのかかわりが大切なこと、人間関係が人を育てるということがよくわかりました。城山小学校の特色ある行事として大切にしていきたい行事であると思います。

2つ目は5月2日に城山小学校にお客様が来たこと。

地球上に2つの稲城ということで平成8年から交流が始まりました、中国の四川省、稲

城県からお客様が来たことについて話しました。

稲城県から県長さんと幼稚園長さんが稲城市を訪問してくださいました。

国際交流の会から、ぜひ、城山小学校を紹介したいということで、おいでいただきました。過密スケジュールの中でしたので，2年生と4年生しか会うことができませんでした。2年生からは1年生のとき育てた朝顔の種と牛乳パックで作ったジョーロをプレゼントし、4年生は中国語で歌を2曲歌って歓迎しました。言葉も通じない初めてのところで、心のこもった歓迎をしてくれたととても喜んでくれました。中国で奥地のチベット部族の方で民族衣装を着ての訪問でした、子どもたちはいい経験をさせていただいたと思います。


３つ目は5月3日のわんぱく相撲のことです。


城山小学校が会場だったせいか、たくさんの城山の子が参加しました。

横綱・大関にはなれませんでしたが、とてもよくがんばりました。地域での行事に参加することに意義があると思います。参加した子を誉めもしましたし、また、参加するように進めてくださり、応援してくださった保護者のみなさんに感心いたしました。チャンスがあったらチャレンジすること、子どもが成長する上でとても大切なことと思います。子どものやる気がその子を育てます。これからも地域での行事に参加するように声かけをお願いします。当日、元横綱の若乃花関も取材のためにおいでになりました。

以上3つのうれしかったことの児童朝会のお話です。【できることをふやそう・すきなことをみつけよう】のためにも、学校や地域でいろいろな経験ができることが子どもにとって大事なことだと思います。5月14日には演劇鑑賞教室がありました。子どもたちと一緒にご覧くださった保護者のみなさんありがとうございました。

平成13年5月23日

先だっては、全校授業参観、また、「城山の会」総会にご出席くださいましてありがとうございました。

私は世の中で子どもの教育、子育てほど大切なことはないと考えています。学校に足を運ぶということは、子どものために保護者が努力をするということだと思います。子どもはその親の姿を見て、自分のことを大事に思ってくれてる、自分のためにお母さんが学校に来てくれた、うれしいな、自分もがんばろうとか、いい子にならなければと思うものだと思います。親の愛情を感じるときです。

もちろん、今回は用事があって来れなくても、常日ごろ、十分に親の愛情を感じつつ感謝もし、いい子にならなくてはと思っているものです。

とにかく、温かい心遣いがあれば子どもは喜び、気持ちよく育っていくものです。家庭で安心して育った子が学校に来ることによって、学校教育が子どもたちにしっかりと根付くことになります。家庭と学校が協力し、地域の方々の協力を得て、城山の子どもをしっかりと育てていきたいと思います。ご協力をお願いします。

人間は小学生のうちに、【躾】【ことの善し悪し】をしっかりと身に付けることが大切です。心豊かな子ども、心のバランス感覚をしっかりと身に付けた子どもに育てることが大切です。授業参観にも、総会にもお話しましたが、急激な社会の変化の中、子どもたちの生活も大きく変化してきました。子どもたちも社会の大きな動きの中で、従来、人間として当然のごとく身につけてきた、生活の基礎作りができていないように思われるようになってきました。そこで、教育にも変化が求められるようになってきました。

来年度、平成14年度には新しい教育計画で学校教育が行われるようになりました。週休2日をめざして、ご家庭でも休日の過ごし方など、親子で考えてみてください。体を鍛えること、友達と楽しく過ごすこと、体験を増やすことなど、どんな過ごし方があるかと、話し合ってみてください。

今年度は週休2日への、ご家庭での準備期間かなとも思います。

向陽台地域の青少年育成委員会・体育振興会などでは子どもたちのために楽しい計画をしていてくれます。そんな、さまざまな行事へ参加するのもいいですね。親子で一緒に参加してみてはいかがでしょうか。子どもが安心して参加ができます。

地域の施設の活用もさせてください。城山文化センター、城山公園も近いです。ぜひ、地域で楽しく生活をすることの楽しさを経験させてください。

稲城をふるさとと思う気持ちと、地に足のついた落ち着いた心の持ち主になるようにと願います。そのことが、合い言葉「できることをふやそう・すきなことをみつけよう」のためにも大変いいことだと思います。

そして、３つの約束、①元気に学校に来る。②自分でできることをふやす。③友達となかよくする。しっかりと守れるようになるとよいと思います。

５月21日の月曜児童朝会には、特に【①元気に学校に来る。】について話しました。元気に学校に来るためには、家庭での生活リズムを整えること、夜は早く寝ること、遅くても９時30分には寝ること、朝は６時30分には起きるようにしましょうと話しました。どうでしょうか、かなり無理があるでしょうか。

人間は朝起きてから２時間経ってやっと脳が目覚めるそうです、学校の始業が８時30分ですのでその２時間前となると起床は６時30分ということになります。そして９時間から10時間は寝てほしいとなると夜８時30分から９時30分には就寝ということになります。このごろの子どもは夜更かしをする子が増えているようです。いつも眠い眠いという思いでいるようですが、それですと、学校での学習も身に付かないというところです。子どもの成長は早いものです、一日一日を大事に将来に向けてもきちんとした生活をするように躾をしっかりとしていきましょう。夜更かしをすることは大変よくないと思います。特にテレビ、ゲームについては、考える必要がありそうです。

子どもをしっかりと育てていくためには、常に子どもの日々の生活を振り返ってみることが大切だと思います。このごろでは食事によって、子どもが「きれる」と言われています。3度の食事、しっかりとしているでしょうか。栄養のことも考えているでしょうか。好き嫌いをしていませんか。ぜひ、考えてみてください。

子どもたちは、家庭科や生活科の学習で調理をするときには、とても楽しみながら学習をしています。食べることは大好きなのですね。お手伝いをさせるなど、日常の生活にもそんな子どもの思いをいかしてください。

さわやかな5月

5年生の子どもたちは5月31日から6月1日まで一泊二日で移動教室で御岳山に行ってきます。都内とは思えないような静かな山の中です。小学校で初めての集団生活、宿泊での生活をしてきます。新しい体験ができるよい機会です。よい思い出ができるといいですね。

平成13年6月7日

1学期も半ばを過ぎ、6月に入りました。

5年生は、先日、移動教室で御岳山に行ってきました。出がけは雨で心配をしましたが、ケーブルカーに乗るころには雨も上がり予定通りの日程をこなし、無事に帰ってきました。小学校では初めての宿泊行事でした。友達と仲良く豊かな体験をしてきたせいか、とても、晴れ晴れとした顔をし一段と落ち着いたいい顔をして帰ってきました。「体験は子どもを育てる」という思いを強く感じました。

6月2日は、6年生が稲城第五中学校の体育祭を参観してきました。中学校進学へ向けてそれぞれに夢をもち、自覚をもってほしいということから、たくましい中学生の入場行進からしっかりと見せていただきました。これもまた良い経験をしたと思っています。良いと思うことはチャンスを見つけていろいろな体験をしていってほしいと思います。

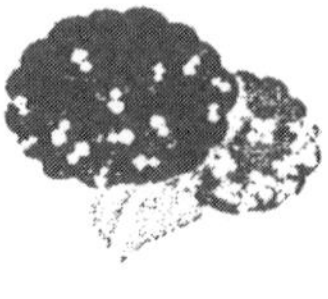

6月4日の朝会では、虫歯予防ディー、「6月4日～6月10日までは歯の健康週間です」ということでお話をしました。

4月から、さまざまな健康診断を行ってきました。歯の検査もやりました。歯医者さんからは、城山小学校の子どもは虫歯も少なく治療も良くされていますとお誉めの言葉をいただきました。歯は一生使うものです。「大事にしましょう」と3つのお話をしました。

一つ目は

甘い物を食べ過ぎないこと、特にだらだら食いは良くない。いちばんの虫歯のもとです。そして、りんご・キューリ・人参などかたいものをしっかり、ぽりぽりと食べよう、歯を丈夫にしあごを強くします、ということ。

二つ目は

歯磨きをしっかりしましょう。

食べたら磨くということと、夜、寝る前は磨くということが大切なようです。習慣になると良いと思います。

子どもたちには話しませんでしたが、一日3回・食後3分以内・3分間磨き続けるということが大切なようです。歯が丈夫な人、歯並びがいい人に美男美女が多くいると言われています。顔の形を作り上げるのは歯の形、あごの骨格だと思います。

三つ目は

好き嫌いを無くして、カルシウムをしっかり取ろう。

牛乳・小魚の骨・大豆・海藻などをたくさん食べて歯と骨を丈夫にしましょう。おうちでもご協力をよろしくお願いします。歯を大切にして、おいしいものをいっぱい食べて幸せな人生をすごしましょう。

このところ、子どもや若者が「キレる」とよく言われますが食生活にも大きな原因があります。栄養は体の成長のためにだけ必要なのではなく、脳の活性化のためにも必要なのです。脳はまた心を支配しています。その脳が生き生き動いてくれないと、心もうまく動かない、つまり心のバランスが崩れやすくなります。そして、周囲に適応できずに、いらいらして、腹が立ち、すぐカッとしたりするようになるのです。

日本の30年ほど前の食事は、脳によい食事＝「賢脳食」と名付けても良いほどの内容をもっていたと言われます。とにかく、ビタミン・ミネラルを多く含む野菜に多い食物繊維を食べる「食」生活がしっかりとされていました。おうちでの食事を見直してみることが大切だと思います。

そのほかに、朝食をしっかりと食べること、口を動かして「噛む」ことが、朝、脳を目覚めさせるもとになります。そして、食事は楽しく心を通わせて食べることが大切です。
子育ては大変ですが、子どもは、あっという間に大きくなります。
大変でも気配りをして子どもを楽しく育てていきましょう。

本格的な夏の暑さを感じる今日このごろです。急な暑さで体がだるく疲れを感じやすいこのごろです。子どもたちには十分な睡眠を取らせてほしいと思います。

平成13年7月9日

梅雨の季節でありますのに、例年にない猛暑で、子どもたちは毎日プールに入れて大喜び、大人の方は、暑さにまいって夏の水不足を心配している今日このごろです、いよいよ夏休みですね、どんなお休みにしようかなと、もうお考えでしょうか。

夏休みは、子どもたちが学校という時間にしばられない、日ごろ、学校で学んだことを最大限に生かし、自分でなくてはできない自分らしい成長をする絶好のチャンスです。大きく成長するときです。ぜひ有効なお休みが過ごせますようによろしくお願いします。

学校だよりでもお知らせしましたがさまざまな過ごし方が考えられると思います。ぜひ

『できることをふやし、すきなことをみつける』チャンスにしてほしいと思います。

毎日が暑いです。だらだらと過ごしていたら43日間はあっという間に過ぎてしまいます。子どもたちは本格的にいろいろなことをやりたがるものです。責任をもたせてやるといいと思います。できたら感謝をする。誉めるということを忘れてはいけません大人はかなり横着なものです。子どもがやることにケチをつけたり、ごく当たり前と思ってしまったりするものです。責任は重すぎてもいけないし、できたら親子で楽しみながらやるという気持ちが大切ですね。そんな中で一人で責任をもってやれるということが出てくるのではないでしょうか。

それぞれのご家庭で、それぞれの生活の仕方があると思います。子どもにも家庭事情を理解させながらお手伝いをさせることが大切ですし、子どものためでもあると思います。

学校だより・学年だよりなども参考にしていただきたいと思います。

長い休みでもありますので、先生やお友達、おじいちゃん、おばあちゃん、知り合いの人にお便りを書くのもいいですね。このごろでは電話、メールで用事をすませお手紙やお葉書を書くこともなくなってきました。でも、お便りには捨てがたい魅力があります、ぜひ小学生のうちに楽しみながら書くのがいいですね。絵手紙という楽しい便りの仕方もあります。

それから、暑い夏休み、ぜひ【食】にも目を向けてください。

栄養のバランスをしっかりと取ることもとても大事です。

体と心の成長のため、子どものときから好き嫌いなく三食をしっかりと食べる食習慣を身に付けることが大切です。栄養というと首から下の体に必要と考える人が多いですが、実は頭＝脳にこそ多くのエネルギーと栄養素が必要です。脳は心を支配し、その脳が生き生きと動いてくれないと、心も動かないのです。つまり心のバランスが崩れ、いらいらして、すぐきれる状況になります。

毎日の食事の中に、肉や魚、野菜、海藻など、いろいろな種類の食材を摂取することが大切です。子どもと一緒にお料理をして楽しみながら食事の支度をするのもいいものです。子どもはお料理、とっても好きですよ。夏休みの間何回かでも試みてください。楽しい子育ての仕方と考えると一挙両得ともいえますね。

保護者のみなさんにはぜひ子どものころの夏休みのなつかしい思い出話をしていただきたいと思います。親子のつながりを更に深め、心の安定した生活のもとづくりになると考えます。

城山小学校では、今年の一学期も、地域・保護者の方々に大変お世話になりました。ありがとうございました。

・百村の浜田さんからは、向陽台の団地ができる前の「竪谷戸」の様子がよくわかるビデオをいただきました。子どもたちの学習に使えるとても貴重なビデオです。ぜひ保護者のみなさんにも何かの機会に見ていただきたいと思います。

・2年生と6年生のお子さんの保護者のIさんにたくさんのお花の苗を寄贈していただき、5年生のS先生、5年生の児童二人と一緒に植え込みまでしていただきました。学校においでのとき、ぜひ、ピロティーをごらんください。

・その他、いろいろな教育活動の中で、たくさんの保護者や地域の方々にご協力をいただきました。ありがとうございました。

6年生の林間学校を夏休みに入って7月21日から23日までで実施します。長野県の蓼科高原に出かけます。宿舎は女神湖で、車山高原から八島湿原までハイキングをしたり、キャンプファイヤーをしたりなど、楽しい計画がいっぱいです。お天気を願いつつ、6年生の子どもたちには体調を整えて元気に行ってきてほしいと願っています。

平成13年9月12日

台風15号、風雨が大変でした。今年は東京を通る台風が多いですね。子どもの登下校については判断に困りましたが、何事もなく過ぎて良かったと思います。ご協力、ご配慮ありがとうございました。

暑くて、長い夏休みが終わり、城山小学校にはいつもの学校らしい活気が戻り二学期のスタートが無事にできました。二学期は一年でいちばん過ごしやすい気候の良い季節です。大きな学校行事が運動会・学習発表会と2つもあります。子どもたちが大きく成長するチャンスとなってほしいと願っています。

先生たちは、夏休みの研修期間を有効に使い計画を立て準備に努めていました。

運動会・学習発表会を楽しみにし、それに向かっての準備、練習などにご協力をお願いします。演技種目については一学期のころから学級・学年などで子どもたちと相談をしつつ決めてきました、これから、学年に応じて個々の子どもの出番が決まったり練習に励んだりいたします。この準備期間でのさまざまなことが子どもをいろいろな面で育てます。練習でつらい思いをしたり嫌な思いをしたりすることがでてくるかと思います。子どもの様子を見つつ誉め、励ましていただきたいと思います。

城山小学校では夏休みに入ってすぐにパソコンルームができました。児童がパソコンを使って授業ができるように22台のパソコンが入りました。職員室の上の部分の3階の従来の特活室を改造しました。学校においでのときにぜひご覧ください。

9月1日の学校だよりでお知らせをしましたが『読書』の指導が始まりました。

子どもたちのために、ご理解をいただき、ご協力をよろしくお願いいたします。ご自宅でもぜひ家族全員で本を読む時間をお取りいただくとよいと思います。

子どもが大きくなってから後悔をしないように、させないように一日一日を大事にしていきたいと思います。

子どもが育つのはあっという間です。

子どものために、いろいろとご配慮をお願いします。

家庭と学校で気持ちをそろえ、子どもたちに基礎学力をつけていけたらよいと思いそのために努力をしていきたいと思います。その結果その他の勉強にもやる気が出て学力がつくと考えての実施です。

ぜひ、ご家庭でも読書をと思いますが、子どもたちも毎日忙しいことでしょう。意識的にその時間を取る努力をしないと、無理があると思います。そしてその時間を取るのは子どもだけではできないと思います。おうちで相談してください。

常日ごろ子どもたちはどのように過ごしているのでしょうか。
1日は24時間、その中で睡眠時間が　9～10時間
学校に来ている時間が　6～8時間
残りの時間が　6～9時間
残りの時間の中で、食事をしてお風呂に入って自宅で学習をしてと考えると子どもが自由に過ごせる時間は本当に少ないです。
そんな中でも、外遊びをして体を鍛えてほしい、地域の中で育ってほしい、お手伝いもしてほしいと願います。そして家族団らんのときも取ってほしい、そして、読書もしてほしいと願います。子どもにしてみればテレビを見る時間もほしいしゲームもしたいと思うでしょう。
一日の生活の過ごし方を身に付けることはとても大切なことです。
ご家庭でお子さまと一緒に考えてみて1日の計画を立ててください。
このごろの子どもは夜更かしをして平気でいる、慢性の寝不足状態、それがあたりまえの状態というところでしょうか。それでは、学習も身に付きません。思考力が鈍って当然だと思います。
生活の見直しが大切です。子どもはやりたいことがいっぱい、どのように過ごしたらよいか助言をしてあげるのがとても大事だと思います。

子どもの生活はご家庭での生活の仕方に左右されます。自分だけでは到底考えられないのではないでしょうか。子どもたちが小学生時代をどう過ごすかは将来を決める大切なことです。

城山小学校では、全校で読書に取り組むのを機会に図書室の整備を始めました。市の方にお願いをして、書架を増やしていただき、本の整理も図書担当のY先生を中心に、図書委員会の5・6年生の子どもたちが積極的にやってくれました。とてもきれいに整理されました。また、9月13日には、市の図書館の方で大量の本がリサイクルとして希望校にくださるということです。城山小学校は、開校10年目で蔵書が少ないためこの機会に本を増やしたいと思っています。
学校においでのとき、図書室もご覧ください。

平成13年9月21日

9月11日、米国でとんでもない事件が起こりました。

臨時ニュースが入っても、しばらくはなんとも信じがたく、事件の映像が映っても現実のこととはとても思えなく、頭がおかしくなるようなそんな思いがしました。そして、やがて、こんなことがあってよいのかと思い、その恐ろしさにふるえました。

子どもたちに、15号台風が来ていた10日の児童朝会で、地震と同じく台風も天災なので防ぎようがない、『自分で身を守るようにしないといけません』という話をしました。その矢先、このような事件が起こりました。さて、今度の事件をどのように子どもたちに話したらよいかと悩みました。結局は『命の大切さ』をしっかりとわかってほしい、心の中に植え付けたいと思い、そんな思いで児童朝会でお話をしました。自分の命を犠牲にして、飛行機をハイジャックしてビルに飛び込む、そんなことができる人間がいるということ、恐ろしいことです。

常日ごろから、日々の生活を大事にし、毎日を楽しむ暮らしをしつつ、将来に夢をもつこと、自分を高めることが大切であると教えていることがむなしく感じました。今度の事件で、今更ながらに心の教育にもっともっと力を入れていかなければと思いました。

学校と家庭で協力して心して教育・子育てにがんばりましょう。

子どもたちに、賢くたくましく心豊かに育ってほしいと願います。

後、2週間で運動会です。練習にもいよいよ熱が入ってきました。子どもたち、一生懸

命です、毎日、疲れはてて帰ることと思います。お家でゆっくりと休ませて、体調を整えて学校に出していただくようにお願いします。毎日、元気にのびのびと学校で生活できることが子どもに力をつけるもとになります。疲れていたり寝不足だったりすると、何をするのもおっくうになりつらくなります。結局は学校へ来ても身に付くことが少なくまことに残念です。今回の運動会でこのような力をつけたいと考えて取り組んでいます。子どもたちに、そんな思いが伝わらず、何にも身に付かないというとても残念な結果となります。

子どもたちを見ていると、疲れていてぼんやりしているのが普通の状況だと思っている子が多いのではないかと思います。よく寝て頭がすっきりとしていたらどんなにか知力・体力、そして心の成長が見られるであろうととても残念です。

子どもは行事で育つと言います。日ごろの授業の中でもそれぞれの学習の中で一人一人が力をつけていますが、行事の中では普段の授業ではできないことをやります。日ごろにはないチャンスを与えられることになります。そんな中で自分の得意なことを見つけ、更に力をつけることになり、一人一人やる気を出してがんばることとなります。結果的には『できることをふやし、すきなことをみつける』ことになります。そのことが将来の生き方にも反映することになります。

集団で動くことが多く、同じことをくりかえしくりかえし練習をします。そんな中で疲れたり、つらくなったり、お友達とトラブルがあったりします。その中で子どもたちは我慢もし、考え、友達のことを思いやり、とひたすらがんばります。それが子どもの成長のもととなり心も体もたくましくなっていきます。各学年の練習風景を見ていますとそれぞれの子どもの個性豊かな動きが見ることができ、たくましくもありかわいくもありほほえましく感じます。

お家でも、子どもたちの学校でのお話、報告があることと思います。

そんなときの、お家の人の、子どもへのアドバイスがまた子どもの成長、物事の考え方をしっかり身に付ける上で大切です。よろしくお願いします。

そして、運動会にはご家族おそろいでぜひ応援にお出かけください。子どもたちが練習の段階で思いっきりがんばれるのは、運動会当日に、お家の人やお客様の前で自分たちの活躍ぶりが見ていただける、そのことが楽しみでがんばることができるのです。

お忙しい中とは思いますがぜひご都合をつけてよろしくお願いいたします。

1年に1回の子どもたちの大好きな運動会です。

子どもたちの運動会のスローガンは

【2001年情熱の汗をかきまくれ】

低学年の子どもたちには難しそうですが、とにかく、今、城山小学校は熱気がみなぎっています。練習中も応援よろしくお願いします。

『読書』のほうはいかがでしょうか。現在、どんな本を読んでいますか。
先日は市のリサイクル本を事務室のIさんのご協力をいただいて、800冊あまりもいただいてきました。子どもたちの近くに置いて自由に読めるようにと考えて各学級に分けました。好きな本が見つかるといいですね。

9月30日は開校記念日です。城山小学校は開校して10年目となります。多くのみなさんが向陽台地域に引っ越してから10年が経つわけです、向陽台に来てから生まれた子どもが4年生になったわけで、来年度には10周年記念式典を予定しています。
子どもたちに校長先生からの夏休みの宿題として来年度の10周年記念式典に向けて城山小学校の10才のお誕生日のお祝い会にどんなことをしたらよいかを考えてください。

平成13年10月16日

運動会、たくさんの応援ありがとうございました。
今年は、開会から閉会までご覧くださった方が例年より多かったような気がいたします。

ご来校、本当にありがとうございました。

学校の教育活動、特に学校行事は、いつでも最初から最後まで、城山小学校の教育の全体を見ていただきたいと思っています。子どもを育てていく上で、わが子の姿だけでなく、子どもが通っている学校の教育全体のあり方を見ていただくことが、即、子どもをしっかり育てるもとになると考えます。

また、運動会などでたくさんの力がつき、大きく成長するもととなると思います。練習はもちろん本番をめざして本番成功のためにがんばるのではありますが、このことは自分のため自分に体力をつけるためにがんばるのであると子どもたちに話してきました。一回一回の練習を本当によくがんばっていました。

特に、運動会の10日前ほどからは、練習に力が入り、日ごとに上手になっていく様子がよくわかり感動の毎日でした。

そして、当日、なんとも立派に仕上げができました。

城山の子、やればできる力をもっているとつくづく思いました。本校の先生たちも子どもたちのことを考えて実によく動いてくれますが、城山小学校の保護者のみなさんも子どもたちのことを考え、子育てをしていること、城山小学校の教育を理解しつつ協力をしてくださっているおかげだと思います。これからも家庭と学校で手を携えて子どもたちを立派に育てていきましょう。

運動会当日はどの子も児童会のスローガンの

『2001年情熱の汗をかきまくれ』をめざして

開会式での約束どおり、『きびきびとけじめをつけて、思いっきり』と実によくがんばりました。

保護者と教職員との協力の結果であると思います。

●一年生・入学して半年だというのによくがんばりました。『おまつり忍者』はなんとも懐かしい歌に合わせてかわいかったこと、私たち年配者を楽しませてくれました。玉入れも一工夫があり楽しかったですね。

●二年生『いるかはざんぶらこ』バンブーダンス、難しいのによくがんばりましたね。特に4人そろって跳べたところがなんとも素晴らしかったです。『地球を運ぼう』でもしっかりと協力していましたね。助け合うって大事ですね。

●三年生『スペシャルクロス』一学級で担任一人での指導でしたが、よくまとまって、難しい隊形の移動ができていました。色使いもきれいでした。『ふたりは仲良し』もG先生の手作りのでかパンで仲良くがんばっていましたね。

●四年生『エイサー』沖縄の舞踊、手作りの太鼓で思いっきりがんばっていました。社会の学習をしながら、総合的学習への意欲にもつながるかしらと頼もしい思いで見ていました。『チャレンジリレー』も得意な力を発揮していましたね。

●五年生『みかぐら』大きな体の動き見事だったと思いました。夢中で取り組んでいた姿立派だったと思います。日本古来の伝統文化に目を向けて学習に生かしてくれればよいと思いました。『あっぱれ☆・・』集団での作戦、見事でした。

●六年生『城山ソーラン節』さすが6年生のたくましい力強さでした、見事なソーラン節でした。みんながまとまっていて、やる気が伝わってきました、さすが、城山小学校の最高学年だと、感心しました。『一所懸命』も協力してがんばりました。

5・6年生の高学年ががんばってくれると学校全体が引き締まります。

次は、学習発表会です。ご家庭での応援、声かけ、ご協力をよろしくお願いします。

9月29日は溝掃除の奉仕活動ありがとうございました。たくさんの保護者の方においでいただき、子どもたちも大張り切りで働いてくれました。おかげさまですっかりきれいにしていただきました。予定以上の仕事のはかどりようでとても助かりました。また、このたびは図書の整理のお願いをいたしましたところたくさんの方々に協力をいただきました。ありがとうございました。いつもご協力をお願いすることばかりで申し訳ありません。おかげさまで城山小学校の学習環境が整い子どもたち、また、やる気を出してがんばることと思います。

平成13年11月27日

学習発表会、たくさんの方に参観をいただきました。ありがとうございました。

どの学年もそれぞれにがんばっていい発表ができたと思います。

子どもたちの顔が生き生きとして良かったと思います。

発表会当日、11月17日には多摩テレビが『スクール通信』の撮影のために取材にきてくれました。昨年度、運動会、女満別交流会においでいただいて以来の取材です。


このところ城山小学校ではマスコミに取り上げられることが多いです。

毎日新聞、ＮＨＫと多摩テレビと続いています。城山小学校の先生たちの教育に対する取り組みが高く評価されている結果であると思います。うれしいことです。私はマスコミは学校で何か事件があったりするとそのことを大きく取り上げることが多く、学校教育のしている良いことを、新聞に載せ、社会にお知らせしてくれることが少ないと思っていましたので、今回は本当にうれしいです。

私は26日に学校で『スクール通信』を見ました。展示作品は少ししか出ていませんでしたが、舞台発表は全クラス出ていました。ぜひ、多摩テレビ、ご家族でご覧ください。

《ユニセフ募金》

代表委員会の子どもたちのお世話でユニセフ募金をしています。

19日（月）の朝会で代表委員会からの募金のお知らせがあり、22日の児童集会で世界で困っている子どもたちの状況を詳しく説明をしていました。

戦火の中で難民となり、家を離れ、食べるものがなく、着るものに困っている子どもがたくさんいる。そんな話をユニセフから送ってもらったポスターを見せながら全校児童に話してくれました。今の日本の子どもたちには考えられない事だと思いますが、世界の困っている子どもたちに救いの手を差しのべる。そんな気持ちをしっかりともってほしいと思います。

戦火の中で暮らしているパレスチナの子どもが大人に「世界じゅうどこでもみんなこんなふうに暮らしているの？」と尋ねたということです。なんとも心痛む言葉です。私は反対に城山小学校の子どもたちに「世界じゅうどこでもみんなこんなふうに暮らしているの？」ということを考えてほしいと思います。子どもたち自身が日ごろの幸せをしっかりと自覚し感謝しながら過ごして欲しいと思います。わがままは言えないはず、もっともっと現在の生活の中で自分を高める努力をしてほしいと思います。そして、将来、人の役に立つ人間となれるようになってほしいと願い、努力してほしいと思います。

今年の6年生のめあては【小さな世界、大きな心】です。

広く世界を見つめていこう、という気持ちをもつことが大切である。それでいて私たち大人が考えるより、ずっとずっと、【世界は小さい】よという気持ちが強いのではないでしょうか。きっと、小さいときからテレビを見て世界のことを身近に感じている今の子どもたちの目から見たら世界は小さく、自分たちの住む範囲は日本という狭い範囲ではなく、自分たちの活躍の場は世界全体、国際社会は自分たちの活躍の場であるということなのではないでしょうか。頼もしい限りです。

そして、世界へ【大きな心】で羽ばたく気持ちが大切だと考え、めざすところとしたのだと思います。たくましく育っていってほしいと願います。


クリシナさん……学校だより11月号でお知らせしましたが、インドのクリシナさんがボランティアで1年生の学級2クラスに来ていただいています。稲城市の国際交流の会のK先生（城山小学校の学区域にお住まいで本校の学校運営連絡協議委員をしていただいています）からのご紹介でおいでいただくことになりました。私は子どもたちがこれからの国際社会で生きていく上で外国の人に親しく接する絶好の機会となると考え、ぜひにとお願いをしました。

平成13年11月15日

いよいよ後2日で学習発表会です。

あちこちの学級で展示作品の掲示が始まり、舞台発表の練習に熱が入りと、学校全体にやる気が満ちあふれています。運動会が終わってからちょうど40日が過ぎたところで、学習発表会を迎える段取りになってますが、子どもたちには運動会でがんばった気持ちをそのまま学習発表会につなぐことができ、とても良かったのではないかと思います。運動会のあの一人一人のがんばりが次の学習発表会へとつながっていると思います。一人一人のがんばりが、即、自分の力となることがずいぶんわかってきたように思います。

ご家庭での励ましの声かけも大きな力となっています。ありがとうございます。

当日が本当に楽しみです。

学習発表会は運動会に並ぶ本校の大きな行事です。学習発表会を参観いただくことが城山小学校の教育全体を理解していただくことになります。

ぜひ、ご家族おそろいで参観をしていただき、これからのご家庭での子育てにも生かしてください。

11月29日（木）ＮＨＫの教育テレビ（3チャンネル・午後11時）

『教育トゥデイ』という番組をぜひご覧ください。

稲城市と玉川大学との「教育提携」についての話題が取り上げられます。

その番組のために、11月14日には、本校に、教育ボランティアとして来ていただいてます玉川大学の４年生の学生さん、Ｋ・Ｏさんが取り上げられ、取材が入りました。

城山小学校での活躍ぶりが報道されます。

Ｋ・Ｏさんには主に２年２組にかかわっていただいています。城山小学校では３年生だけが１クラスで人数も39人と多く担任のＴ・Ｇ先生には大変な思いをしていただいています。ボランティアのＯさんにはその手助けとしてクラスに入っていただいています。

その授業風景が見られることと思います。

5年生のS・Yさんのおかねの作文

『山のおばあちゃん』　日本銀行総裁賞

子どもたちからお聞き及びのことと思いますが、5年生のS・Yさんが「お金の作文」コンクール（金融広報中央委員会、毎日小学生新聞主催）で日本銀行総裁賞をいただきました。全国から3万点以上の応募があった中で優秀作品5点の中に入り表彰をされました。毎日新聞社よりYさんの作文が掲載されている毎日小学生新聞が本校の家庭数分が送られてきました。ご家族で読んでいただけるとよいと思います。

本当にお金を大切にしなければいけないということがよくわかる心温まる作文です。今の子どもはぜいたくに慣れ、欲しいものは何でも手に入る、手に入るのが当たり前だと思っている子どもがほとんどではないでしょうか。自分の生活を振り返る良い機会にしていただきたいと思います。

「おかねの作文」への応募はS・Yさんの全くの個人の気持ちからのチャレンジであり、その点においても、そのやる気に感心しました。先日の児童朝会で自分の気持ちを素直に表現をしたことにより立派な作文が書けたことと、そのチャレンジ精神を全校児童の前で誉めて、お話をしました。

Yさんのおかげで、城山小学校にも学校賞として図書券をいただきました。ありがたいことです。今年度は全校読書にも取り組んだところですので子どもたちが好きな本を購入したいと思っています。

図書室も保護者のみなさんのご協力によりきちんと整理され充実してきたところですしそれにプラスしての思いがけないプレゼントで子どもたち、本当に幸せです。

先日、私は東京都広報委員会主催の「東京都金銭協議会」に出席してまいりました。

金銭教育は、子育て、教育の土台であるという言い方をしていました。

とにかく、親や教師は「子どもを心でしっかりと受容すること、受け止めることが大切である」、そして、親が「ものをどのように与えるか」が躾の基礎である。お金に対する価値観をしっかりとわからせることが大切である。そのためにも親は子どもとともに行動をすることが大事である。そして、日々の生活の中でものの価値、お金の大切さを理解させていってほしいということを強く言っていました。

このことからも、S・Yさんはきちんと育てられていると感心します。日ごろの親子の会話がSさんの生活に生きているという思いがする作文です。

ぜひ、ご家族でお読みください。城山の子どもたちにとって身近な仲間が表彰されたということが大きな励ましとなります。そういう面でも本当にうれしいです。

平成13年12月7日

12月1日（土）には、「城山の会」の山桃の枝切りのご奉仕ありがとうございました。たくさんの方のご参加をいただきました。中にはご両親、おそろいでおいでいただいたご家庭もありました。とても助かりました。おかげさまで学校の外回りがずいぶんとすっきりといたしました。

ありがとうございました。

その日は、6年生の児童も山桃の枝切りのお手伝いと校庭の側溝の掃除の奉仕活動をいたしました。6年生は体も大きく力持ちでかなり頼もしく、頼りになります。

学校では、日ごろ子どもたちの教育環境をきれいにしなければと子どもたちも先生たちの指導、協力のもとに毎日清掃活動にも励んでいますが、なかなか手に負えません。

特にTさんとKさんの2人の用務員さんは、常に校舎内外をきれいにと本当によくがんばってくれています。それでも大きな学校ですのでなかなか手が回りかねます。「城山の会」のご協力本当にありがたいです。

学校を常にきれいにしておくことが、子どもたちが身の回りをよごさないようにしよう、きれいにしようというもとになると考えます。

それが『できることをふやし、すきなことをみつける』もとになるかと思います。12月

1日の土曜日はお天気も良く城山小学校はイベントがたくさんで賑やかな日でした。

1・2年生は『やきいもパーティ』、低学年の先生方とT・TのF先生、図工のH先生、事務室のIさん、用務員のTさんのご協力で、本当にほくほくのおいしい焼き芋ができました。おいしかったです。

いつも、何をするときも、教職員に協力をしてやっていただける、本当にありがたいです。

そのほかに、4年生では豚汁づくり、5年生では家庭科の授業でおにぎりとフルーツポンチづくりをしているクラスがありました。

学校じゅうにいいにおいと活気がみなぎっていました。

3日の月曜日の児童朝会では、ポスターの表彰式をしました
学校保健委員会の『健康ポスター』へ応募し入選したのは3年生です。
T・Nくん……特選
R・Mさん…入選
N・Yさん…入選
東京都と稲城市の選挙管理委員会共催の
『明るい選挙啓発ポスター』へ応募し入選したのは5年生です。

S・Yさん……東京都佳作
N・Tさん……東京都審査委員賞
U・Tくん……東京都審査委員賞
U・Iくん……東京都審査委員賞

おめでとうございます。

このほかに、たくさんの児童が応募いたしました。

チャンスがあったらチャレンジをするという気持ちがえらいですね。

このたびは入選できなくて残念だった人もいろいろな場面でアタックしてほしいと思います。また、励ましの声かけをお願いします。


12月4日から12月10日は『人権週間』です。

自分を大切に、回りの人を大切に、やさしい、思いやりの心をもってほしいと思います。

日ごろの言葉遣いはいかがでしょうか。そして礼儀正しく毎日を過ごしているでしょうか。

ときにはそんなことを家族での話題にしてみるのもいいですね。

言葉と態度はその人の心を表すものです。

5年生の担任のお世話で鮭の卵が、城山小学校に来ました。多摩川に放流できるようになるまで5年生がお世話をしてくれます。楽しみですね。

平成13年12月21日

一年のしめくくり12月、年末です。

暑い暑い、プール指導から始まった2学期、4ヶ月間の長い学期でした。子どもたちは、運動会、学習発表会とよくがんばりました。城山小学校の子どもたちにとっては『できることがふえ、すきなことがみつけられた』2学期だったと思います。

いよいよ、2学期が終わり子どもたちの楽しみにしている冬休みです。年の暮れの一年のしめくくりと楽しいお正月の冬休みです。子育てに生きる過ごし方をしていただけるとよいと思います。

夏休みには、10周年記念式典をどうしたらよいかとアイデアを寄せてくださいと宿題を出しました。たくさんの子どもが素晴らしいアイデアを出してくれました。

そして、考えた宿題のテーマは、『ありがとう』です。

冬休みの間、『ありがとう』『えらいね』といっぱい言ってもらえるような生活をしてほしいという宿題です。

城山小学校ではいつも『できることをふやそう・すきなことをみつけよう』を合い言葉として生活をしています。この冬休みもこの合い言葉を実践する良いチャンスだと思います。「できることがふえたよ」証拠にお手伝いもいっぱいさせてください。そして、お手伝いができたり、親切で、やさしい行為ができたら『ありがとう』『えらいね』と言ってあげてください。

そして、子どもの方からも、やさしくしてもらったり、親切にしてもらったりしたら、『ありがとう』と、言える子どもになってほしいと思います。

『ありがとう』という言葉があたりまえのように言えるようになったら、気持ちも穏やかになり、お友達とも仲良くでき、人間関係もスムーズになって楽しい毎日が過ごせるようになると思います。今年の冬休みは家の中で『ありがとう』という言葉が飛び交うようなそんな毎日になるといいですね。

あゆみ

全員の「あゆみ」を見せていただきました。

子どもたち、本当によくがんばっているのだということがわかりました。

自分のもっている力をしっかりと発揮していると思いました。小学生のときから自分のもっている個性や良さに気づきその力をしっかりと伸ばしていく努力をするということは将来に向けて幸せなことだと思います。

「家庭から」の保護者のみなさんの言葉にも子どもへの愛情、子どものために考えていろいろなことをやってくださっていることがよくわかります。これからも、更に学校と家庭とで協力して子どもたちを育てていきましょう。

全校読書

2学期9月から全校で読書に取り組みました。学校では落ち着いて読書に取り組むようになりました。おうちではいかがでしょうか。これからさまざまな面で効果が出てくるのではないかと期待しています。冬休みには子どもたちに、おうちのみなさんに読み聞かせをさせてください。

クリシナさんのこと

クリシナさんが城山小学校に来てくださるようになってから4ヶ月になります。

クリシナさんはすっかり城山小学校に親しみ、学校に来るのがとても楽しいと言い、1年生の子どもたちは、インドに親しみをもち国際理解教育が深まっているというところです。

鮭

5年生の子どもたちがお世話をしてくれている鮭の卵が孵化しました。12月11日に3びきが孵化したのを始めとしてどんどんと孵化しています。生命の素晴らしさに感動をしています。

この新しい出会いのチャンスを与えてくれた5年生のS先生とT先生に感謝です。5年生の子どもたちにはお世話をがんばってほしいと思います。

平成14年1月23日

3学期が始まりまして2週間あまりが経ちました。書き初め展の参観、授業参観と保護者会へのご出席ありがとうございました。始業式に3学期は学校に来る日、授業日数は56日ですよとお話ししました。あっという間に10日間が過ぎました。

『1月は行く、2月は逃げる、3月は去る』といいますが、月日の経つのが本当に早いです。一日一日を大事に過ごしてほしいと思います。

14年度は新教育課程での学校の教育活動となります。週五日制となり、週休2日となります。3学期はそのための準備期間でもあります。

各教科の授業時数も変わります。そして「総合的な学習の時間」が新しく取り組まれます。始業式に子どもたちにもそのことを話しました。城山小学校では新教育課程の大きなねらい『生きる力を育む』という意向を汲んだ準備として、校内研究で『意欲をもって課題に取り組む児童の育成』というテーマで~総合的な学習に向けて~とサブテーマをつけて、研究を深めてまいりました。その上に基礎学力を定着させるための手だてとして、学習の基礎基本として学ぶ意欲をつけるために『全校読書』に取り組んできました。読書についてはかなりの定着を見、子どもたちに落ち着きができ、当初のねらいがかなり達成しつつあるのではないかと思います。とにかく、自分から意欲をもって、自分の生活を良くしていくことが大事です。週休二日は自分で自分の生活を作り上げていくための休日となるのではないでしょうか。

城山小学校の合い言葉　『できることをふやそう・すきなことをみつけよう』の気持ちが子どもの心に定着してくるとよいと思います。

ご家庭では、そのための3つの約束、

①元気に学校に来る
②自分でできることをふやす
③友達と仲良くする

という約束が子どもの中で実践しやすいようにとお手本を示し、配慮し、協力していただくことが大事ではないかと思います。よろしくお願いします。


冬休みの宿題【ありがとう】はいかがでしたか。

【ありがとう】という言葉で心がやさしくなり、思いやりのある子が育つのではないでしょうか。これからも城山小学校では【ありがとう】の言葉が行き交うようにと願います。お互いに感謝の言葉を大切にしていくのがよいですね。

昨年は日本で、世界で、いやなことがいっぱいありました。【ありがとう】という気持ちがあればあのような事件は起きなかったと思います。

城山小学校を【ありがとう】の発信地にしたいと願います。

6年生・音楽鑑賞教室

箏（おこと）と尺八の演奏会が1月18日に行われました。

講師の先生たちの『春の海』の演奏を聴かせていただき、その後、お箏と尺八を実際に弾かせていただきました。ほとんどの子どもが初めての経験でとてもよい体験ができました。この演奏会も新教育課程の音楽の中で和楽器を取り入れた学習があるということでの、音楽の先生方のご配慮からでてきた演奏会です。

> **今年は十二支の中の午年です。**
>
> 《子・丑・寅・卯・辰・巳・午・未・申・酉・戌・亥》
>
> 《ね・うし・とら・う・たつ・み・うま・ひつじ・さる・とり・いぬ・い》
>
> 昔は十二支は時間を表すのに使われていました。午のこくはお昼の12時です。
>
> そのことからお昼の12時は正午、12時前を午前、12時を過ぎると午後というようになったのだそうです。

…鮭…が大きくなりました。体長3センチメートルくらいになりました。冷たい水が好きとはいえこの寒い中でよくも元気に大きくなっていると感心します。5年生がよく面倒をみてくれます。

2月になったら多摩川に放流することになります。

…3年生が「しちりん」でお餅を焼いてお雑煮を食べました。

ご家庭でお野菜を準備していただいたり、手作りのお餅をもってきていただいたりご協力をいただきました。ありがとうございました。火おこしが大変でしたが、お餅の味は格別でした。これもまた良い経験ができました。

平成14年2月8日

平成14年度、14年4月から日本の国では教育改革が実施されます。新しい指導要領により教育課程が作成され各校での教育活動が行われます。日本の現在までの教育のあり方と新しい教育のあり方をまとめてみました。

今までの学校教育と児童の実態

文部科学省パンフレットより

日本の国の学校教育は、どちらかというと学校へ行って学ぶと知識が身に付くというものでした。社会の変化とその流れから、学校教育では子どもたちに知識をたくさんつけるのみでなく、学ぶ意欲、思考力、判断力、表現力などを含めて学力ととらえる必要がある。と考えての教育改革です。
学習への感心・意欲・態度や将来の生活に関する課題に適応する能力を重視するのは国際的な教育の流れであり考え方である。

日本の国の児童の実態　《新教育課程実施状況調査》
覚えることは得意、計算の技能や文章の読み取りの力などもよく身に付けている。
学習が受け身で、覚えることは得意だが、自ら調べたり、判断したり、自分なりの考えをもち、それを表現する力が不十分である。

新しい学習指導要領の基本的なねらい
完全学校週五日制の下、各学校が「ゆとり」の中で「特色ある教育」を展開し、子どもたちに学習指導要領に示す基礎的・基本的な内容を確実に身に付けさせることはもとより、自ら学び自ら考える力などの「生きる力」を育む。

そのために新しい指導要領では左のような考えのもとに教育が行われます。

○授業時数の縮減と教育内容の厳選
○個に応じた指導の充実
○体験的、問題解決的な学習活動の重視
　総合的な学習の時間の創設

☆教育内容の厳選については、次のことを行い、学習の基礎・基本と思考、判断力、表現力を身に付けさせる。
①理解や習熟の程度に応じた指導を行い、個別指導や繰り返し指導を行う。
②観察・実験、調査・研究、発表・討論などの体験的・問題解決的な学習を重視する。
☆総合的な学習の時間のねらいは次の①②である。
①自ら課題を見つけ、自ら学び、自ら考え、主体的に判断し、よりよく問題を解決する資質や能力を育てること。
②学び方やものの考え方を身に付け、問題の解決や探求活動に主体的、創造的に取り組む態度を育て、自己の生き方を考えることができるようにすること。

国語・算数、その他の教科との関連
＊各教科などで身に付けた知識や技能を相互に関連づけ、総合的に働くようにする。
＊総合的な学習の時間で身に付けた力を各教科などの学習の中で生かす。

学校の教育活動全体において、横断的・総合的な課題などについて、自然体験や社会体験、観察・実験、見学や調査などの体験的な学習、問題解決的な学習を行う。

以上が日本の教育が大きく変わる、学校の教育課程が変化するありようです。稲城市教育委員会でも国と都の教育方針を受け、稲城市の子どもたちのことを考えての教育目標を定めています。そして稲城市では。更に、教育活動の３つの柱、①稲城の子どもたちに「生きる力」をどう育てるか。②「特色ある学校づくり」をどう進めるか。③「保幼小中を貫く教育」をどう創っていくか。と数年前から国の方針の先取りで教育に取り組んでいます。また、城山小学校では、３年前から校内研究で総合的学習の時間の研究に取り組み、13年度９月から基礎学力の定着を図るため全校読書に取り組み始め、城山小学校として特色ある教育活動を開始しています。

平成14年2月19日

立春が過ぎてもまだまだ寒い日が続きます。

寒くても、いいお天気で、青い空のきれいなこと、少しかぜ気味の子どももいますが子どもたちは寒さにも負けず、マラソン・サッカー・バスケットと元気に遊びまわっています。学校ではこのところは不審者騒ぎで大変な思いをしています。学校では登下校時、教職員が付き添い、指導にあたっています。ご家庭の方でも登校するとき下校するとき、お見送り、お出迎えと、ご配慮をしていただいています。ありがとうございます。

1月28日の児童朝会で金子みすずさんの「星とたんぽぽ」の詩を読み聴かせをしました。昼の空にはお星様が見えないこと、冬の寒い間はたんぽぽの根っこも、見えないけれどもあるんだということ。

そんなことも、あるとき、ふっと考えてみることができる、そんな温かい気持ちがもてたらどんなに素晴らしいでしょうと、思います。

心のゆとりがほしいですね。

大人がそんな気持ちでいることができて、そんな気持ちで子どもに接することができたらと思います。そして、お友達の心の見えない部分の気持ちも考えられる人になれたらと思います。家族で一緒に読んでみて、暗唱してみてください。

星とたんぽぽ

青いお空のそこふかく、
海の小石のそのように、
夜がくるまでしずんでる、
昼のお星はめにみえぬ。
見えぬけれどもあるんだよ、
見えぬものでもあるんだよ。

ちってすがれたたんぽぽの、
かわらのすきに、だァまって、
春のくるまでかくれてる、
つよいその根はめにみえぬ。
見えぬけれどもあるんだよ、
見えぬものでもあるんだよ。

3学期は短くこの間始まったばかりだと思っていましたらもう卒業式、修了式まで1ヶ月となりました。学校は年度末をあわただしく過ごしています。

2月16日（土）

1校時に、6年生がマラソン大会を行いました。校庭を3周・5周・7周と自分のもっている力を考え、自分で希望を出して挑戦をいたしました。元気いっぱい校庭を走りました。最後までしっかり力を出し切ってがんばろうという心構えが見られることがうれしく思います。

2月16日には奉仕活動もご苦労様でした。1年、4年、6年の児童と、城山の会のみなさんに協力をしていただき、校庭の側溝の掃除をしていただきました。

ありがとうございました。

6年生はいよいよ後一ヶ月で卒業です。

6年生、とてもがんばっています。担任のT先生、F先生からの6年生の子どもたちの様子をお聞きしますと、子どもたち一人一人が高まっている、そんな感じがすごく伝わってきます。中学へ向けての準備が着々とできてきていると思います。

2月8日（金）

5年生の子どもたちが育てた鮭を多摩川に放流しました。卵から孵化させて4~5センチメートルの大きさまで育てるのは手がかかり大変なことだったと思います。5年生のみなさんご苦労様でした。大きくたくましく育ってまた生まれた川に戻ってきてほしいと思います。

2月4日（月）

4年生が、百村の浜田プロダクション（稲城市の昔の写真などを入れた教育映画を作成している）の浜田英夫さんにお越しいただき向陽台の昔のことを教えていただきました。向陽台の貴重な写真が見られ、とてもよい学習ができました。

> 冬のオリンピック（アメリカ・ソルトレーク）の報道が毎日されています。素晴らしいスピード感、優雅なスケートと、引き込まれそうな演技がいっぱいですね。ぜひ子どもたちに見ておいてほしいと思います。

> 『不審者に関して』……城山の子どもも実害にあい、警戒中です。登下校時、下校後くれぐれも気をつけてください。家族が、ご自宅にいるときはぜひお見送り、お迎えをしてください。地域に人の影が見えるというだけで悪いことをする人が減ると思います。ちょっとした油断が事故につながります。よろしくお願いします。

平成14年3月11日

梅の花が散り始め、さまざまな木々の芽のふくらみが大きくなり、もう、春なのだという思いを強く感じる今日このごろです。後、2週間で13年度も終わりです。

3学期に入り市内で不審者事件が数多く起こり、毎日が心配な状況です。学校でも集団での下校を続けることにより、子どもたちの安全に気配りをしっかりとしていく努力をしています。ご家庭でも引き続きよろしくお願いします。

稲城市の広報誌『ひろば』

3月10日付けの『ひろば』を、ぜひ、ご覧ください。

14年度の新教育課程に向けて……

『完全週五日制』・『新学習指導要領』のもとで新しい教育が始まります。

というテーマでの稲城市教育委員会からの教育が変わる変わり方・考え方の記事を、大きく取り上げ、述べています。14年度からの新教育については、城山小学校ではすでに校長だよりでお知らせしました。

市の教育委員会からは、今回の新教育に向けて市としての取り組みの方針を詳しく述べています。ぜひ、お読みください。

城山小学校では、市の教育方針を受け、更に、城山小学校、独自の特色ある教育活動を盛り込みつつ４月からの新教育課程に向けて教育計画を作成しております。

子どもたちの将来を考えての教育改革です。子どもたちが将来に向けてたくましく『生きる力』を身に付けることができるようにと願います。『ひろば』をお読みいただき、ご理解をお願いします。学校ですること、ご家庭ですること、また、地域の環境の中で培うこと、育むことと、今一度改めて見つめ直していくことが大切だと思います。そして、この『ひろば』、保存しておいていただくのがよいかと思います。

新年度の保護者会において更に詳しくお話しいたします。

スーパードッジボール大会

稲城市体育振興会主催のスーパードッジボール大会が、２月23日の土曜日、市立体育館で盛大に行われました。市内から59チームの参加で当日の体育館は熱気があふれていました。体育振興会のみなさんにはいつも子どもたちがお世話になっていますが、いつも楽しい企画を立てていてくれます。

このたびの大会でも城山小学校の子どもたちもたくさん参加していました。このような会に進んで参加しようという子どもたちのやる気、積極性、本当に、うれしく思います。

そして、更に、うれしいことに、6年生が見事な成績を残してくれました。

6年生男子のグループが、優勝しました。

輝かしい、金メダルをいただきました。

6年生女子のグループは、準優勝しました。

こちらも、うれしいことに、銀メダルをいただきました。

もうすぐ、卒業する6年生の良い思い出になりました。そして、下級生に良いお手本を示してくれました。ありがたいことです。中学生になってもこのやる気をしっかり発揮してくれるものと期待します。

ありがとう6年生

「人権の花運動」の推進会から表彰をされました。

花を育てることでやさしい心を育てる。育てたきれいな花を見て、心やさしい子どもに育つという願いをこめての人権の花運動という運動があります。城山小学校はその推進校となっています。5年生の子どもたちが、学校全体の栽培面のお世話をしてくれていますが、よく面倒をみてくれて今回表彰していただきました。

NTT・IT・レインボープロジェクト

インターネットを使った授業のあり方を研究する研究指定校の依頼を受け、パソコンが堪能なF先生を中心に研究授業をいたしました。そのときの6年生の授業の様子をインターネットのホームページ上でお知らせする予定になっています。

教育改革を前に城山小学校では教師も子どもたちも、いろいろな面で積極的な取り組みの姿勢が見られます。

教育改革では、週休2日にもなります。人に言われるのではなく自分から進んでやりたいことができるようになることを願っての週休2日です。ぜひ、今から心して子どもに接してください。家族でのおしゃべりも増やし、お手伝いもし、友達とも積極的にかかわりをもつなど、心がけてあげてください。

平成14年度

平成14年4月11日

本日は保護者会へのご出席ありがとうございます。

教育改革の年、平成14年度が始まりました。子どもたちは新しい学年になり、希望に胸を膨らませながら緊張感をもって新年度を迎えたことと思います。この子どもたちの緊張感を上手に生かして、目標をもたせてがんばらせていきたいと思います。

入学式で、かわいい1年生を迎えました。1年生を迎えて、子どもの1年間の成長の早さに今更ながら驚きました。2年生から6年生まで本当にびっくりする成長です。

入学式で、子どもたちの学校生活の楽しみを共有し、子どもの日々の不安を取り除く働きかけをお願いしますとのお話をしました。親子の会話と家族で「喜怒哀楽」を共にすることの大切さを話しました。子どもが小学生の間は、こんなかかわりが大切であると思います。平成14年度は、いよいよ【新学習指導要領・完全学校週五日制】での教育活動となります。週休2日にともなって、これからの教育は、家庭と学校が手を結び、地域の協力を得ながらの教育、子育てが求められています。今まで以上のご支援とご協力をお願いいたします。

本日は簡単なものではありますが、ご家庭での子育て・教育への支援、学校への協力にも生かしていただきたく、城山小学校の『学校経営案』をお示しいたします。

学校経営は日本の国の教育方針にのっとったものであり、東京都教育委員会の教育目標を受けた稲城市教育委員会の教育目標・基本方針に即したものです。

特に、稲城市教育委員会では、左記の教育活動の3つの柱を定めています。

①稲城の子どもたちに「生きる力」をどう育てるか。
②「特色ある学校づくり」をどう進めるか。
③「保幼小中を貫く教育」をどう創っていくか。

私は稲城市教育委員会の教育活動の３つの柱のうち、《②「特色ある学校づくり」をどう進めるか。③「保幼小中を貫く教育」をどう創っていくか》は学校の中での教育活動で工夫し実施することであると考えます。

そして、《①の稲城の子どもたちに「生きる力」をどう育てるか》は教育活動すべての基礎であり家庭と学校が協力して培っていく大切なことであり、大事な教育活動の柱であると考えます。

《①の稲城の子どもたちに「生きる力」をどう育てるか》を考えて城山小学校では教育目標を人間の教育にとって大切な「知育・徳育・体育」をしっかりと身に付けさせるために、『進んでやる子・思いやりのある子・元気な子』と決めました。

教育目標を達成するために今年度も「合い言葉」を『できることをふやそう・すきなことをみつけよう』とし、知（知識を得る）・徳（心豊かな子に育てる）・体（体力をつけ元気な子どもを育てる）のすべてにおいて、自分の可能性をとことん探ってほしいと思い

ます。やる気を出さないと何もできない子どもになってしまいます。1日の時間の過ごし方を考えてみてあげてください。

そして、14年度は3つの約束を更に定着をさせていただきたいと考えます。

①朝、元気に学校に来る。
生活リズム（基本的生活習慣を身に付けること）を整えて、朝、子どもを余裕をもって学校に送り出してください。
②できることをふやす。
子どもは自発的に物事をやりたがるものです。子どもがやりたいという気持ちを大事に考えて、なんでも自分で、できるように手助けをしてあげてください。
③友達と仲良くする。
子どもは人と人とのかかわりの中で育ちます。子どもが友達を大切にし親子の会話の中で自分の生き方を見つけるような生活をしてほしいと思います。ご家族の方の良い生き方を示してください。

平成14年5月8日

ゴールデンウイークも、全校遠足も終わり、また落ち着いた日々が始まりました。子どもたちも新しい学年学級にも慣れ、楽しい学校生活を過ごせることになるでしょう。

府中郷土の森への全校遠足は兄弟学年で出かけました。

1年生は6年生と、2年生は4年生と、3年生は5年生と、異年齢の新しいお友達と仲良く助け合って、遠足を楽しんできました。またそれぞれに貴重な体験ができたことと思います。

大きい子どもは小さい子どもたちにやさしく、親切に接し、小さい子は大きい子の思いやりのある心遣いにふんわりとしたやさしさを感じたこと、貴重な経験になったことと思います。これからの学校生活においても、また、たくさんのお友達が増えたということで、いろんな面で助け合いができ、心強く、頼もしく思うことで、プラスになることと思います。全校遠足はそんな思いもあって、年度当初の早いうちに実施しています。

遠足のお話、いっぱい聞いていただけたでしょうか。

学区域を家族で歩いたときにも、知り合いが増えたことになりますね。

どんどん顔なじみの友達が増え、城山小学校の子どもがみんな、仲良しになれたらどんなに楽しいかな、と思ったりします。

学校だより『しろやま』でもお知らせしましたが

『5月18日は土曜授業参観日』です。

1・2時間目は平常授業の授業参観をしていただきます。

3時間目は『道徳授業地区公開講座』として、道徳の授業を地域のみなさまにもご覧いただきますように全学級で授業公開を行います。

3時間目の授業の後は、子どもたちは4校時は各学級で授業があり、保護者のみなさんは体育館にて、宮城大学教授・理学博士の『佐治晴夫先生』から親と子のかかわりについての講演をお聴きいただきます。

その後お子さんと一緒にお帰りいただきます。

せっかくの休日の土曜日ですが、半日、お子さまのために、子育てのためにお過ごしいただきたいと思います。

新しい教育の始まった14年度の初めに当たり、ご両親ご家族で城山小学校へのご理解をいただきたくこのような計画をたてました。

よろしくご理解の上、万障お繰り合わせの上ご出席をお願い申し上げます。

ご講演をいただく宮城大学教授・理学博士の『佐治晴夫先生』について

佐治先生は、日本人初のＮＡＳＡ（米国国家航空宇宙局）の客員研究員です。宇宙の話をとてもわかりやすく、楽しくお話をしてくださいます。その宇宙の話の中に『金子みすず』の詩（子どもたちに朝会のときにお話をして、学校だよりや校長だよりでも紹介してきました、『わたしと小鳥とすずと』『ふしぎ』『星とたんぽぽ』等の詩）をおりまぜとても楽しいお話を聞かせてくださる先生です。

理学博士という佐治先生の肩書きを見るとご講演の内容も難しいお話ではないかとお思いになるかと思いますが、佐治先生は現在のＶＨＳ時代の先駆けとなった「３倍速ＶＴＲヘッド」や「Ｉｆゆらぎ扇風機」の開発などユニークな業績でも知られている先生です。日ごろあちらこちらで講演をなさって大変ご好評をいただいている、お忙しい先生です。お忙しい中を今回、先生の特別のお計らいで城山小学校においでいただくことになりました。

先生のお話は、子育てをしていく上でとても役立つお話がなされます。

ぜひ、ご都合をつけてお聴きいただきたいと思います。

佐治先生のお話をお聞きする前準備になるかと思います。

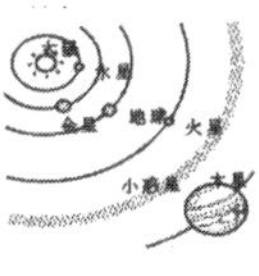

城山小学校の先生方は午前中佐治先生のお話が聞けませんので、午後から校内研究会としてお話をいただき勉強をさせていただきます。これからの城山小学校の教育に生きる勉強になると確信しています。保護者と教師と共に城山の子どもたちを高めていきましょう。

平成14年6月14日

12日、子どもたちの楽しみにしていた城山まつりが行われました。

12日は城山小学校は午前中、『まつり王国』楽しい一日でした。たくさんの保護者のみなさんのご参観もいただきました、ありがとうございました。

代表委員会の子どもたちが役割分担をし、企画をし、お世話をしてくれました。1年生にとっては初めての城山まつりです。3年生以上の各クラスで企画したさまざまな催し物の中で全校の子どもが楽しみました。ちなみに12日は城山小学校は欠席した子どもはいませんでした。子どもたちが城山まつりを楽しみにしていることがわかります。またいろいろな体験をしてできることがふえたかなとうれしくなります。

5年生移動教室

5月30日～31日の一泊二日で御岳山に行ってきました。御岳山は東京都の青梅市にありますが、急な山をケーブルカーで登ったところにあります。東京とは思えないような奥深い山の中にあり、起伏に富んだハイキングコースの中で勉強をしてきました。

稲城ではできない学習をしよう、稲城と違うところはどこかなど今年度から、移動教室でも「総合的な学習の時間」を取り入れそれぞれにやりたいテーマを決めグループに分かれての学習をしてまいりました。植物観察と鳥の観察にはそれぞれに専門の先生にボランティアでついていただくこともできました。子どもたちは「総合的な学習の時間」勉強の仕方もかなりわかってきたように思います。普段から自分から課題を見つけつつ自分で解決しようという気持ちができてくるといいですね。

6年生は社会科見学で鎌倉へ行ってきました

日帰りで歴史の学習ができる鎌倉は貴重な見学先です。およそ800年昔の鎌倉時代に思いを寄せ学習をすることができます。子どもたちには日本の昔を学習しそして未来へと思いを馳せる。鎌倉へ行って歴史が大好きになったという子もいます。経験することを大事にしたいと思います。

個人面談

17日からは、新しい学年にも馴れたところで、個人面談をいたします。

子どもたちの確かな成長を願って、保護者の方と担任の教師との忌憚のない意見交換ができるとよいと思います。

個人面談をすることによって子どもの良さをお互いに更に知り合い、子どもをしっかりと伸ばしていけたらよいと思います。この子はどうせこんな子だとか、悪いところばかりを気にしていては、子どもの成長はありません。

子どもはみんなどの子も良いところをいっぱいもち、「いい子になりたい」「親や先生に誉められたい」と思っているのです。大人が心を合わせて良い方へと導いていきましょう。人に誉められるといい気持ち、もっと誉められたいと思うものです。そんな、気持ちを大事にしていきましょう。

日ごろ、子どものことで気になること、担任の耳に入れておいた方がいいと思うことや我が子の自慢話など、いいことを、いっぱい担任にきかせてください。

一年に1回のこの個人面談を最大限に子どもの教育に生かしていきましょう。

お父さん・お母さん・おうちの人が先生と面談をすると、必ず誉めてもらえるそんな個人面談ができるといいですね。

もちろん、注意すべきことも、しっかりとしなければいけません。生活習慣を身に付けること、学校、家庭での約束をしっかりと守ること等、わがままを言わないで、我慢をすること、忍耐力を身に付けることも大切です。

とにかく、個人面談を子どもの教育・子育てに活かしましょう。

お忙しい中、ご予定もおありかと思いますがよろしくご協力をお願いします。

・13日には玉川大学の2年生の学生が稲城市内の小中学校に学校参観に来ました。城山小学校には9名の学生さんが見えました。将来は学校の先生になりたいという方たちです。城山小学校を参観することにより、また、やる気を出して将来いい先生になってほしいと願います。
・14日にはイギリスのサッカーチームの方が見え、サッカーと英語の指導を4年生と6年生にしていただきます。
・24日から水泳指導が始まります。プールにおいては、水の楽しさと、水の恐さをしっかりとわからせ、事故のない水泳指導を実施し、泳力を伸ばしていきたいと思います。ご協力をよろしくお願いします。

平成14年7月3日

雨でうっとうしい毎日です。

プール開きをしましたのに雨天が続き、気温も低いため、プールに入れません。子どもたちはとても残念がり、悔しい思いをしているようです。

一学期の過ぎることの早いこと、後2週間あまりで夏休みとなります。明日4日からは保護者会が始まります。お忙しいこととは思いますが、ぜひご都合をつけてご来校いただきますようにお願いします。学校だよりでもお知らせしましたが夏休みの過ごし方にも気配りをお願いします。

あゆみ（評価）について

新しい教育が始まった14年度です。『評価』も新しい学習指導要領のねらいを実現する『評価』・『あゆみ』となります。

「確かな学力」、そして、〝生きる力〟の評価は、当然これまでの「評価」とは変わってきます。新学習指導要領がめざす力の評価で、新しい評価基準を考えての次のような評価となります。

○知識や技能を身に付け、活用する力
○学ぶことへのやる気・意欲
○自分で考える力
○自分で判断する力
○自分を表現する力
○問題を解決し、自分で道を切り開いていく力

↓

上の評価の基準を
①「関心・意欲・態度」
②「技能・表現」
③「思考・判断」
④「知識・理解」
の4観点で評価をします。

城山小学校の今までの『あゆみ』の評価のように知識がどれだけ身に付いたかという評価ではなく個々に目標や内容をどれだけ達成できたかを重視する評価です。

4つの観点の評価を授業の流れに沿って考えてみると次のようになります。

①「関心・意欲・態度」は学習を進める上でのもとになるものであり学習に関心があるか、やる気があるか、勉強をしようという気持ちがあり、学習態度はよいかということです。子どもが自分から進んで決めた、自らの課題や問題に対して主体的に取り組んでいるかどうかの評価です。

つまり「関心・意欲・態度」を土台としながら②「技能・表現」③「思考・判断」を使い④「知識・理解」を創る過程を授業、学習といいます。

①「関心・意欲・態度」がすべての学習過程での活動の土台と考えると、「思考・判断」「技能・表現」という「問題解決の資質・能力」と、それを使って身についた④「知識・理解」の2つに大きくわけ、評価していくと、いうことになります。
各教科、項目の評価については担任から詳しく説明いたします。

なお、城山小学校の評価は、
1・2年生は2段階で　A（満足している）
　　　　　　　　　　B（努力を要する）
3～6年生は3段階で　A（十分満足している）
　　　　　　　　　　B（おおむね満足している）
　　　　　　　　　　C（努力を要する）

新しい『あゆみ』は、子どもたちのこれらの力の現状を評価するとともに、より引き出すための評価であること、やる気を起こさせる評価をいたします。
その評価は、子ども一人一人に対して、「この子のどこを、どう伸ばしていくか」の観点を重要視した評価となります。また、「総合的学習の時間」についてなど、あゆみ全体についても、保護者会で各担任よりお話いたします。また、この一学期間どの子もいろい

ろな面でがんばったと思います。子どもの一学期間の学習や生活面での話をよく聞いてぜひ次へのステップにしていただきたいと思います。

6月27日には稲城市の教育委員会の学校訪問がありました。本校の学校教育の全容をお聞きいただき、全学級・全教員の授業参観と音楽集会を参観していただきました。教育委員会の先生方から子どもが落ち着いていて良い教育ができていますとお誉めいただきました。また、6月中に教頭先生と一緒に全校の先生方の授業参観を一時間ずつたっぷり、ゆっくりといたしました。どの学級、どの教科においても、授業に工夫があり子どもにわかりやすい授業が展開されていました。

平成14年7月16日

プールが始まったと思ったら雨が多くなり大変残念です。台風6号では登下校の心配もしました。ご協力ありがとうございました。

いよいよ、夏休みです。44日間の長い休み、元気に有意義に過ごしてほしいと思います。子どもたちには、7月の児童朝会を使って夏休みについてのお話をしました。ぜひ、子ど

もたち中心の子どもの成長のための夏休みが過ごせますように、ご協力をお願いします。

7月1日（月）

児童朝会での子どもたちへのお話。

1つ　「できることをふやす」ように、お家の人の役に立つお手伝いをすること。

2つ　地域の行事に参加すること、地域の施設を一回は訪問すること。

3つ　夏休みも生活リズムを整えた生活をすること。この、3つを、早めにお家の人と相談をしながら夏休みの準備をしよう。相談にのってあげてください。

7月8日（月）

読書のすすめをしました。

稲城市では今年度から全校に読書を推進するようにとの要請がありましたが、城山小学校では、城山小学校の子どもたちに基礎学力をしっかりとつけるためにと考えて昨年9月から読書を取り入れております。かなり落ち着いて読書ができるようになりました。そこで、この《夏休みには読む本の領域を広めよう》というお話をしました。低学年も高学年も、まずは、日本のお話・外国のお話、そして伝記なども読むといいですねと話しました。

学校からも貸し出しますが、幸い、城山の子どもたちには近くに市立図書館の向陽台分室（向陽台6―8ファインフォーラム内）があります。ぜひご利用ください。

7月15日（月）

自分が興味をもったことに力を入れて取り組みましょうというお話。

私がおもしろいなと思って育てている《葉から芽》という植物の話をしました。長い夏休みです。自分が興味をもった生き物を飼育したり、植物を栽培したりして、観察するのもいいですね。

夏休みには、ポスター・作文など、いろいろな作品募集があります。それに応募してみるのもよいと思います。学校からお知らせするのもありますが、新聞などでもさまざまな募集があると思います。夏休みは特に『できることをふやし、すきなことをみつける』チャンスであると思います。

子どもたちはちょっとした大人の一言で行動が変わってきたり、生活が変わってきたりするものです。安全にはくれぐれも気をつけて、親子でやること、自分でやること、友達と過ごす過ごし方と、長い休みでなければできない過ごし方、親子で考えてみてください。子どものときの生き方が将来に向けての土台となります。

心の東京革命

《心の東京革命》は、次代を担う子どもたちに、親や大人が責任をもって、正義感や倫理観、思いやりの心を育み、人が生きていく上で当然の心得を伝えていく取り組みです。

城山小学校の保護者のみなさん、地域のみなさんにはぜひ、心を一つに子どもたちに対してほしいと思います。『心の東京ルール』～7つのよびかけ～を学区域の大人のみなさんの声かけにより実践していただくことが子どもたちを育てる上でベストだと思います。夏休みは親子で行動することも多く子どもの友達とのかかわりも増えるのではないかと思います。城山小学校の子どもは地域の大人がみんなで育てるという気持ちをもっていただけるとよいと思います。

新しい教育が始まった年で夏季休業中の教職員の様子も変わってきました。

昨年までは、普段休めない分の土曜日のお休みを長期休業中にまとめてお休みをしていましたが今年度から週五日制ということで週休2日となり、まとめ取りがなくなりました。夏季休業中も普通に出勤するようになったわけです。稲城市ではその子どもたちの夏季休業を有効利用して、先生たちの研修期間としました。稲城市の教育委員会が準備した研究会（市教委主催・玉川大学、多摩大学共催）に出席して勉強をするようにということです。新しい教育が始まって新しい気持ちで教育に取り組んでいます。とにかく、子どもたちと同じく夏休みを有効に過ごし、日ごろ忙しくてできない仕事や、授業の準備をし、城山小学校の教育を充実していきたいと努力しています。

そして2学期には心身共にリフレッシュして教育にあたっていきます。

心の東京革命

心の東京ルール　～7つのよびかけ～

- ●毎日きちんとあいさつさせよう
- ●他人の子どもでもしかろう
- ●子どもに手伝いをさせよう
- ●ねだる子どもにがまんをさせよう
- ●先人や目上の人を敬う心を育てよう
- ●体験の中で子どもをきたえよう
- ●子どもにその日のことを話させよう

7つのよびかけは子育ての上ではごくあたりまえのことと思います。自分の家の子育てについて今一度考え直して実践を試みてみるのがよいのではないかと思います。城山小学校の保護者の方々のみんながこんな思いをもてるようになるとよいと思います。できたら子どもの友達のご家族ともそんなことが話題にできるとよいですね。

6年生・林間学校

夏休みになったら6年生は7月21日から23日まで、林間学校に出かけます。

長野県茅野市の八ヶ岳中信高原国定公園・蓼科、霧ヶ峰高原に行きます。

2泊3日で、女神湖の湖畔の宿舎で、集団生活を経験し、自然豊かな中で大いにいろいろなことを学んできてほしいと思います。

~7つのよびかけ~　こんなふうに考えてみてもいいかと思います。

●朝、起きたときからお家の中でもあいさつしてますか。ご近所の人や友達ともあいさつしてますか。
●自分の子どもだけでなく、良くないことをしている子どもに注意をしたり、しかることをしてますか。
●子どもにお手伝いをさせてますか。毎日決めてやらせるのもいいですね。親と一緒にやらせながらいろいろなことができるようにさせていくのもいいですね。
●ほしいものはすぐに買い与えないで子どもとよく相談をして決めましょう。わがままな子どもにならないように。がまんづよい子どもになるように。
●年配者を尊敬する気持ちを育てましょう。思いやりの気持ちをもち、言葉遣いを丁寧にしたり、あいさつがしっかりとできるようになるといいですね。
●いろいろなことが体験できるようにしてください。稲城の地域での行事などへの参加、城山文化センター・体育館を訪問するなどもいいですね。
●家族でいっぱいおしゃべりができるといいですね。中学生・高校生・大きく成長してからなんでも親に相談ができるもとになります。

平成14年度「育てよう子どもハートフルＴＡＭＡ」開催について

子どもの穏やかな成長を促すために、東京都の進める『心の東京革命行動プラン』との関連を図り学校・保護者・地域社会行政の関係者が情報交換や協議などを行う場としてセットされました。

テーマは、『今、あなたは子どもをしかっていますか？』です。

開催日時は、平成14年8月27日（火）午後2時から4時20分です。

会場は東京都多磨教育センターホールです。

保護者の方はどなたでも参加できます。子育てに役立つテーマです。こんな会に参加をすることによって子育てが急に楽しくなったりします。

平成14年9月11日

夏休みが終わり、2学期が始まり10日がたちました。

子どもたちは日焼けもし、体も一回り大きくなったように思います。暑い夏でした、のんびり、ゆっくりと体を休めましたでしょうか。楽しいこともいっぱいありましたでしょうか。長い休みの間には、新しいものを見たり、珍しいものに触れたりして、新たな経験をして子どもたちは大きく成長をしたことと思います。長期の個々の子どもたちの経験を2学期の「課題をもって学習に取り組む」学校生活にぜひ生かしてほしいと考えます。2学期の学校生活が充実するようにまた声かけをお願いします。

子どもたちが成長するためには、

『生活リズム』を整えることがまず、大切です。

2学期の出発に合わせて心して取り組みましょう。

早寝早起き は子どもが賢くなるために絶対に大事です。

始業式に子どもたちにお話をしましたが生活リズムを整えるためにぜひご協力をお願いします。子どもたちが学校に来て「生きる力」をしっかりと身に付けるためにはまずは生活リズムを整えることが大切です。夜早く寝ること、朝は学校に来る2時間前には起きること、睡眠時間をたっぷりととることが大切です。8時間では少なすぎです。9～10時間の睡眠時間は確保するように家じゅうで心がけてください。学校に来たら気持ちよく学習ができるように、子どもたちがもっている力をしっかりと発揮し力をつけるように考えてあげてください。

学校に来て【あくび】をしているようではだめですね。生活リズムが整えられて初めて学力がつき、体力がつき、心のやさしい子どもに育っていくことができると思います。そのことにより子どもはますます良い子となり、幸せになると思います。

現在もそして成長をしてからも親御さんの子どものことでの苦労がなくなるもととなるのではないでしょうか。子どもが誕生してから小学生の間に思いっきり温かく包み込んであげることが大切だと思います。子どもに声かけをしてください。

子どもは親の一言で成長します。子育て十分に楽しんでください。

子どもは常に認めてほしい、誉めてほしいと思っているものです。

忙しい毎日だとは思いますが学校と家庭・地域と協力して子どもを育てましょう。

10月15日（土）：開校十周年大運動会　後日、ご案内とプログラムをさしあげます。楽しみにしてください。

子どもの一年の成長は目を見張るものがあります。ぜひ、全校の様子をご覧になり城山小学校への教育をご理解いただき、ご協力をお願いします。保護者のご協力により子どもたちをますますたくましく立派に育てていきたいと思います。

お忙しいこととは存じますが、今からご予定いただきご参観をいただくことが、子どもが安心して大きく成長するもととなります。

給食の食器が新しくなりました。

給食は、従来は、パレット皿を使用していましたが9月から磁器の個別食器を使用することになりました。

真っ白な食器で、気持ちよく、給食が今までより更においしくなったような気がします。食器が重くなったり、配膳台が新しい仕様のものになったりしましたので配膳に慣れるまでということで低学年は専科の先生方に配膳のお手伝いをしていただいています。

機会がありましたら給食の様子も見てください。

プール納め：暑い夏でした。特に夏休みは目いっぱい、プールが活躍してくれました。6年生の着泳を最後に今年のプール指導はおしまいにします。

また来年の夏を楽しみにしてほしいですね。

11月8日～9日は学習発表会です。

そして、9日は開校10周年記念式典です。

城山小学校ができて10年、保護者のみなさんが向陽台に移り住んで10年です。

10年一区切りといいますが城山小学校にとって大事な式典であり学習発表会となります。記念すべき年です。子どもたちがこれを機会に大きく成長するように日々の教育に有効に生かしていきたいと思います。

平成14年度は日本の教育の変わった年です。これからの国際社会でしっかりと活躍のできる子どもになるように、城山小学校の子どもを育てる努力をいたします。

平成14年9月20日

後、2週間で運動会です。今年の運動会は開校10周年記念大運動会ということでいつもにも増して校内に緊張感がみなぎっているような感じがいたします。子どもたちも一生懸命がんばっているように思います。校庭から、体育館から、楽しい音楽が流れ、元気の良い声が響いてきます。

24日（火）からは時間割が運動会特別時程となり、運動会の練習もいよいよ本格的になります。

運動会に向けての仕上げが大切ですがこの練習期間のがんばりに期待したいです。我慢の心も育て、譲り合いの心、協力の気持ちと、いっぱい成長のできる貴重な期間です。ぜひ声かけをお願いします。そして、ご家庭では、ゆっくりと休ませてあげてください。

早寝早起きは守れていますでしょうか。

よろしくお願いします。

あいさつ・アイサツ・挨拶

子どもたちはお家であいさつをどれくらいしているでしょうか。

朝から、『おはようございます』『いただきます』『ごちそうさまでした』『行ってきます』『ただいま』『おやすみなさい』などなど。

気持ちの良いあいさつができていますでしょうか。

特に、一日の始まりの朝の『おはようございます』のあいさつがしっかりできると一日が元気に快適に過ごせるのではないでしょうか。朝起きて、言葉を口に出すと、脳の活性化にも通じます。家じゅうで朝から『おはようございます』の大きな声かけができると良いですね。私も朝はできるだけ玄関に立ち、子どもたちを『おはようございます』の声かけをしながら迎えるように心がけています。

また、水曜日の朝は代表委員会の子どもたちが玄関で『おはようございます』と大きな声で全校児童を迎えてくれています。

『おはようございます』と元気にあいさつが返せる子の顔は生き生きとしています。この子は、今日も元気に、精一杯がんばれる子だなとうれしくなります。

あいさつがしっかりできる子は生活リズムも整っている子だなと思います。


今年の6年生のスローガンは『心をひとつに』です。


城山小学校では毎年6年生が、卒業に向けて学年のスローガンを決めて中学生になる気持ちをしっかりともてるようにという努力をしています。

今年の6年生のスローガンは『心をひとつに』です。

1学期の初めからこの『心をひとつに』というスローガンでがんばっています運動会を2週間後に控えたこの時期こそ、子どもたちに『心をひとつに』という言葉を大事に考えて努力してほしいと思います。

小学校の運動会は、全校児童はもちろんですが、高学年、特に6年生の、係の仕事・応援団などの、動きによって、運動会の良し悪しが決まります。

みんなで、仲良く、助け合って、譲り合って本当に『心をひとつに』に、運動会をめざしてその力を発揮してほしいと思います。みんなで、立派な運動会にしてくれるものと確信します。運動会を機会に、また、《城山っ子》が立派に成長していくものと思います。

6年生に、期待します。


10周年記念式典の中で、城山小学校の新しい歌が誕生する予定です。

11月9日に予定しています10周年記念式典の準備をいろいろとしているところですが、式典の中での子どもたちのアトラクションとして音楽の発表を考えています。

10周年の記念にと、音楽のF先生が中心となり、子どもたちから歌詞を募集して、城山小学校に新しい歌を創ろうとしています。

子どもたちが歌いやすい、愛唱歌となるような歌ができると良いなと思っています。


明日、9月21日（土）に、アミューたちかわ（立川市）において、東京都子どもの人権専門委員会・東京法務局、主催の『人権メッセージ発表会』が行われます。

稲城市の代表で、本校の6年生のY・Hくんの『ありがとう』という作文が選ばれ発表していただくことになりました。

連休が続きます。気をつけて、楽しいお休みをお過ごしください。

平成14年10月17日

運動会参観ありがとうございました。

お天気に恵まれた元気いっぱいの楽しい運動会を実施することができました。また、開会式・閉会式も多くの方にご参観いただきました。城山小学校の教育全体をご覧いただいたということで大変うれしかったです。ありがとうございました。

運動会の感想もたくさんお寄せいただきました。

学校教育をよく理解し、温かく励ましていただいてくださっている感想が多く、ありがたく感謝でいっぱいです。また、これを励みに教職員全員でがんばっていきたいと思います。

また、いろいろとご意見をいただいていることもあります。

ありがとうございました。来年度に向けて、参考にさせていただきます。

次は11月9日、学習発表会と10周年記念式典です。


運動会が終わったと思ったら、次は学習発表会です。

それぞれの学年・学級で計画を立て、準備、練習が始まりました。

展示の発表とステージ発表と大変ですが、それぞれの持ち味を生かしての良い発表ができるのではないかと思います。また、運動会と合わせると広範囲で城山の子どもたちに、『できることがふえ、すきなことがみつかる』チャンスになるのではないでしょうか。

ご家庭での応援をよろしくお願いします。

開校10周年記念式典、新しい教育の始まった年での10年という大きな一区切りです。

子どもたちのやる気につなげていきたいと考えます。よろしく声かけをお願いします。

子どもたちは、自分がいろいろとやれることを喜びとするものです。回りの大人の気持ちが子どもに通じます。

よろしくお願いします。

10月26日は親子での奉仕活動です。

10周年の記念式典を前にしての学校の美化をお願いしました。

城山の会の運営委員会のお世話で実現の運びとなりました。

ご協力をよろしくお願いします。

10月17日は、５年生の音楽鑑賞教室です。
教育委員会の主催で多摩市の【パルテノン多摩】のホールで音楽鑑賞をします。稲城市では毎年、小学生は5年生、中学生は1年生がクラシック音楽の鑑賞をします。大きなホールでオーケストラの生の演奏を聴くという貴重な体験をすることができます。

演奏は　東京都交響楽団　指揮者は　円光寺雅彦さん
曲目は　ビゼー作曲　歌曲「カルメン」より
　アンダーソン作曲　トランペット吹きの休日　などです。

市内の音楽の先生たちが楽団の方たちと相談してこどもたちにふさわしい曲を選んでくれています。５年生の子どもたちから感想が聞けるといいですね。

18日は玉川大学の1年生の学生が学校参観に来校します。
稲城市は玉川大学と教育提携をしていることは、以前にもお知らせしましたが、このたびは市内の全校に、小学校の先生になりたくて勉強中の1年生の学生さんが学校参観に来ます。１年生から６年生までの各学年に1名ずつということで６名の学生が参観に来ます。

本校を参観して大いに勉強をして将来立派な先生になってほしいと思います。子どもたちにも将来の夢をしっかりともっている学生さんたちから良い影響を受けてほしいと思います。どんなことでも子どもたちのチャンスと受け止めてほしいと願います。


生活リズムは整っていますか。

子どもは学校で目いっぱい活躍をしています。【早寝早起き】よろしくお願いします。

平成14年11月15日

開校10周年記念式典が無事に終わりました。

11月9日学習発表会に合わせて、開校10周年記念式典も無事に終わりました。

子どもたち、学習発表会は展示発表会とステージ発表会とよくがんばりました。

そして、学習発表会に続けての式典もよくがんばりました。

ご来賓のみなさまから「子どもたちきちんとしていますね」「立派ですね」とか、新しい歌『レッツしろやまっ子』を初めとして「歌も大きな声でしっかりと歌えますね」と、お褒めの言葉をいっぱいいただきました。

式典には石川良一市長様を初めとして、議員さん、教育委員会のみなさま、市内の各小中学校の校長先生方、ＰＴＡ会長さん、幼稚園・保育園の先生、開校以来のなつかしい旧職員のみなさま、それに城山の会のみなさまと、100名に近いご来賓においでいただきました。にぎやかに立派な式典を挙行することができました。これもひとえに城山の会の運営委員・校外委員・保護者のみなさまのおかげだと感謝申し上げます。

ご協力を本当に、ありがとうございました。

教職員もよくがんばってくれました。２学期に入り９月は運動会をめざして、10月は学習発表会と式典をめざしてと、子どもたちのことを考えての指導への意気込み、そしてその協力体制の素晴らしいこと、目を見張るものがありました。

子どもを預かり一校をつかさどる校長として本当に感動の毎日でした。

城山小学校の子どもたち、幸せだと思います。

この10周年を機会にまたまた子どもたちが成長するようにと全教職員で協力をしてがんばっていきます。ご協力をお願いします。

> **多摩テレビ**
>
> 学習発表会と記念式典の日、多摩テレビが撮影・取材に来てくれました。放送日は11月16日（日）～22日（土）までです。放送時間は　①９時５分②12時30分③19時30

分④23時30分　良い記念になると思います。ぜひご覧ください。

開校十周年を記念して、音楽の先生と城山小学校児童が協力して、作詞作曲し、新しい歌ができました。

開校十周年記念創作曲

『レッツ　しろやまっ子』

笑顔いっぱい城山小　元気いっぱい城山小

1、できることふやして　すきなことみつけて
輝く未来へ大きく羽ばたく
レッツ　ゴー　城山　レッツチャレンジ　城山
ファイト　ファイト　しろやまっ子

2、梨と　ぶどうと　緑の公園と
やさしい　人の和の　この町大好き
ウイーラブ城山ウイーメイク城山

ハートフル　しろやまっ子
3、時計台が　みんなをよんでる
今日も元気で　輝く瞳で
ハッピータイム城山
ハッピースクール城山
グッドフレンドしろやまっ子

この歌を創るにあたっては、稲城市の教育委員である玉田元康先生にご協力いただきました。十周年記念式典の時に発表いたしました。


城山小学校と同じく城山文化センターも10周年を迎えました。今年の城山文化センターまつりも新しい趣向をこらしてのお祭りのようです。

今日15日の前夜祭には城山小学校の音楽クラブも出演させていただきます。

今日の急なお知らせですがぜひ親子でご鑑賞ください。
・会場　城山文化センター　視聴覚室
・出演時間　16時45分

秋、真っ只中です。

秋の夜長となりました。

　読書　の　秋です。

お子さんは、今、どんな本を読んでいますか。ご存知ですか。

お家でもいっぱい本が読めるといいですね。

平成14年12月11日

後、10日あまりで冬休みです。

そろそろ、冬休みの計画を立てましたでしょうか。ぜひ子どもたちのためにと考えた、子どもたちのためになる過ごし方をしていただけたらよいかと思います。

年末にはお家の整理やお掃除をしたり、年始には新年のあいさつをしたり、家じゅうでお正月遊びをしたり、子どもの心に残る過ごし方をお願いします。時節に合った過ごし方をすることが子どもたちに、けじめをつけることを教えたり、将来を楽しみにする生き方をするもとになると思います。

いつも長期のお休みの前には、「校長先生の宿題です」と言って宿題を出しますが、この冬休みの宿題は、「家庭でも読書をしましょう」です。

『全校読書』から一歩進めて、毎日必ず『家庭で20分間の読書をしましょう』という宿題を出しました。

ぜひご家族でのご協力をお願いします。

城山小学校では、昨年度9月より、学習・生活・心の基礎基本をしっかりと身に付けるために、つまりは人間として立派に成長するために、読書することが何より大切だと考え、教育の中心に『全校読書』を取り入れました。

小学生のうちから、読みの力を身に付けさせ、読書の楽しさを十分に味わう習慣を身に付けさせておくことが大切であると思います。

中学生・高校生になると「本を読むことは大切だ」と思い、「もっと本が読みたい」と思いつつ、生活が多様化して、多忙の中、読書する時間を確保することができないのが現実のようです。大きくなってから、自分の生きる生き方の指針を得るために、ご家族全員での読書タイムを取るとよいかと思います。

秋から引き続きの夜長の上手な使い方をしてみてください。

読み方としては①「家族全員が静かに本を読む」というのもいいですね。

②子どもに読ませて、家族で聴く。

③時には、家族の誰かが読んで、子どもに聴かせる。

など、さまざまな読み方があると思います。

大人が留守で子どもだけがお家で過ごすというご家庭もあるかと思いますが、子どもと一日の生活表を作り、子どもだけでも無理なく本が読めるという、時間の設定をしてあげてください。そして、お帰りになったとき、ちょっとだけでも感想を聞いてあげるのがいいかなと思います。冬休みはいろいろとご予定もあるかと思います。上手に、本の読める時間をとってあげてほしいと思います。

何度も読みたくなるような大好きな本が出てくるというようなこともあるといいですね。それから、本を読むのが少し速くなるということができることもいいですね。本を速く読んでも内容が理解できるようになると、これもまたいろんな教科でも役立つことになります。勉強が楽しくなります。

冬休み、図書館に行くのもいいですね。

幸い、城山文化センターのそばに向陽台分室があります。ぜひ、活用してください。

できたら、お買い物のついでにでも子どもと一緒に本屋さんに寄るのもいいですね。

本に親しむ機会を作ってあげてください。

城山の会の運営委員のみなさまにはいつもお世話様になっています。年末・年始を前に12月の運営委員会には、話し合いを能率的に終わらせ「貼り絵」の講習会をしました。図工専科のH先生にご指導をいただきました。和紙をちぎって椿の花の貼り絵をし、楽しいひとときを過ごしました。ちなみに、会議室に展示してある貼り絵の作品はH先生の作品です。機会があったらご覧ください。

12月4日～10日までは『人権週間』でした。学校では代表委員会の子どもたちがユニセフ募金をしてくれました。自分たちでできることをしてほかの人の役に立つことをする気持ち、うれしいですね。
次の『ありがとう』の作文は9月21日に発表した、本校6年生のY・H君の「人権メッセージ」の作品です。すばらしい作品です。
ぜひ、子どもと一緒にお読みください。

ありがとう

稲城市立城山小学校　六年　Ｙ・Ｈ

ぼくは最近、人に何かをしてもらうと自然に「ありがとう」と言えるようになりました。例えば、友達が、床に落ちた消しゴムを拾ってくれた時だとか、家の人にやってもらった時に、いままで言えなかった「ありがとう」が自然に言えるようになったのです。

ぼくがそうなった理由は、たぶんおとなりに住むおばあちゃんの影響です。おとなりのおばあちゃんは、体の調子が悪いのでぼくのうちがおばあちゃんのゴミを捨てることにしています。おばあちゃんは会うといつも

「ありがとう」

と言ってくれます。その一言を聞くとぼくはうれしくなります。だから、ほかの人も「ありがとう」と言われたらうれしいのではないかなと思いました。それと、ぼくは、人に何かをしてもらって悪いなあ、という気持ちも「ありがとう」という言葉に込めて言うようにしています。また、最近、友達のことも気づかう気持ちをもてるようになりました。

ぼくは、友だちにぶつかりそうになったり、足をふみそうになると、すぐ「ゴメン」と言うくせがあります。そのことでこの前友達から

「そんなに簡単にゴメンを言わなくてもいいよ」

と言われました。

先日、母には
「Yはありがとうがちゃんと言えるね」

と言われました。ぼくは自分のいいところを一つあげるとしたら「ありがとう」が言えるところなんじゃないかと思うようになりました。

「ありがとう」という言葉を言われて、いやな人はいないと思います。ぼくは、これからもこの言葉を大切に生活したいと思います。

平成14年12月25日

いよいよ2学期がおしまいです。

暑いプールから始まった長い長い2学期でした。

運動会あり、学習発表会あり、そして、10周年記念式典がありました。

学校じゅうが緊張の連続でした。その緊張の中で子どもたちはしっかりと育ったと思います。

式典後の児童朝会・児童集会では整列も速く、話を聞く姿勢もしっかりとしていて、話

をする私も気持ちよく話ができ、今日のお話はどんなお話かなと楽しみにしていてくれる様子もうかがえるような子どもたちの状況です。そんな中で「校長先生の冬休みの宿題は何かな」というような声も聞こえてきます。子どもたちに小学生の間にやっておいてほしいことという思いであれこれと考えます。

ということで今回、考えた宿題は、『20分間読書』をしようということを考え、前回の校長だよりでお載せしましたが、いかがでしょうか。「お休みの前から始めたほうがいいですよ」と言っておきましたが、始められたでしょうか。宿題の意図するところは読書の習慣化です。ぜひ、この冬休みに始めて、読書が好きになる子に育てていきましょう。本を読むことは勉強が好きになる、勉強ができるようになるおもとであると思います。ご家族で読書をしていただけるといいかなと思います。

そしてもう一つの宿題は、地域に根ざした教育を考えての『除夜の鐘・初詣』に行ってみましょう、稲城市の神社・仏閣を訪ねてみましょう、ということです。

ちょうど、朝会でその話をした日に、いなぎ子どもセンター情報誌、12月15日発行のふれあいきっず『ふれI―Ｋｉｄｓ』が発行され、子どもたちに配布されたところでした。冬休みに『除夜の鐘・初詣』に行きましょうと稲城市内のお寺や神社を紹介するお知らせが出ていました。

高勝寺・妙覚寺では除夜の鐘をつかしていただけるそうです。

子どもたちは、総合的な学習の時間で稲城市内の探検をし、お寺や神社も見学をしますが、ゆっくりと見学する時間はとれてないところです。日本の歴史を知るためにもよいことかなと思いますし、地域を知り、自分の生まれ育ったところに愛着をもつのにいいことかなと思います。

合わせて『子ども100ポイント・ラリー』についての紹介もしました。

手帳をすでにもっている子どももいると思いますが、まだもっていない人は、城山児童館に行ってもらってください。そして、市の行事などに参加したり、今回のような市内にある歴史に関係のある施設を訪問したりしたときにポイントをもらってください。

『であいポイント』『ふれあいポイント』

『まなびあいポイント』『I（私）ポイント』

それぞれのポイントを合わせて、100ポイントためると、子ども博士になれます。記念品ももらえます。100ポイントためたら城山児童館にもっていってください。

そしてもう一つ。

終業式にお話しましたが、年末のお掃除を手伝うこと、家族の役に立つことができるといいかなと思います。人の役に立つことは子どもたちの喜びになると思います。

そしてお正月には昔からの正月遊びをしましょう。

外遊び……タコ揚げ、コマ回し、はねつき

家の中の遊び……かるた、百人一首、すごろくなど。

家族や友達と仲良く遊ぶ、そんな経験の中で身に付くことは貴重です。いろんな面で、

『できることをふやし、すきなことをみつける』

もととなります。

年末年始いいチャンスですね。有効に使いましょう。

12月の初めに飼い始めた、鮭の卵が孵化しました。

鮭を飼い始めて毎日の気温を記録してその積算温度が一定の温度になると孵化がはじまるそうです。自然の摂理がはっきりと現れてくる不思議なことですね。

5年生の子どもたちが育ててくれています。

学校じゅうの子どもたちがその成長を楽しみにしてほしいです。

学校においでのときのぞいてみてください。

平成15年1月28日

3学期が始まって早くも3週間がたちました。

23日にはこの冬6回目といわれる雪が降りました。子どもたちは大喜びですが、大人のほうは今年の冬の寒さに驚いているところではないでしょうか。

春が待ち遠しいこのごろです。

書き初め展の参観、授業参観、保護者会ごくろうさまでした。

学校は進学、進級を控えて、後2ヶ月、忙しい時期になります。

特にお世話になった6年生とのお別れの諸行事が続きます。この行事で6年生には中学生になる自覚をもってほしいと願いますし、1から5年生には、6年生に感謝の気持ちをもちつつ進級への心の準備をしてほしいと思います。学習のまとめもしてほしいし、いろいろな面で『できることをふやし、すきなことをみつけてほしい』と思います。

3学期の大事なときです。子どもへの励まし、声かけよろしくお願いします。

《女満別交流会》

1月9日〜12日までは14年度の稲城市における女満別交流会でした。

女満別町の5年生の子ども57名が稲城市を訪問してきました。今年は向陽台・長峰・若葉台小学校の３校で学校交流をしました。

幸いにも４日間とも晴天に恵まれ、元気に過ごして帰っていきました。

城山小学校では昨年の夏、交流会で女満別町を訪問した5年生の、Sさん、Oさん、Kさん、Wくんの４人のお宅でホームステイを引き受けていただき楽しく過ごしての交流会でした。４軒のお宅のみなさんにはお世話になりました。

ありがとうございました。

北海道、女満別町では冬の今の季節は本当に寒く昼間でも零下の気温のときがあり最低気温は−20℃を下回ることもあるそうです。姉妹都市です。子どもたちにも稲城とは異なる地域の学習を広めるために役立ててほしいと思います。

15年度は城山小学校が稲城一小、三小と共に受け入れ校です。

稲城第一小学校130周年

明治４年、日本の国に学制がしかれる前年に長沼郷学校・潤身学舎として開校しました。

それから130年が経ちました。現在、都内の学校で４番目に古い学校であり、稲城第二小学校と共に稲城の教育のもとになる学校です。昭和22年には稲城に中学校ができ、それから昭和31年に、稲城第三小学校ができるまでの間は、稲城ではこの2校が教育の中心でした。

そして、その後、稲城の人口が増え、学校が次々にできたり、昨年度小学校の統廃合があったりして、稲城市には現在小学校が11校、中学校が6校となりました。ちょうど、城山小学校が10周年を迎えた年でもありますので、子どもたちにも稲城の歴史に目を向けてほしいと思い27日の朝会でお話をしました。子どもが稲城のことをいろいろと知ることにより、地域にしっかりと根付いた、心豊かな、落ち着いた心の持ち主に育つのだと考えます。稲城市からのお便り、広報誌なども気にかけ稲城のことをもっともっと知ってほしいと思います。

…鮭… 5年生が12月から飼い始め、大事にお世話をしてきた、鮭が大きくなりました。体長が4~5センチ、もう少し大きくなったら多摩川に放流をします。楽しみですね。

6年生が全員で、俳句に応募し良い作品が句集に掲載されました。子どもたちにはいつもチャレンジ精神が大切ですよと話していますが、よくチャレンジしてくれました。いいことですね。

インフルエンザがはやってきています。
毎日寒い日が続いていますが、城山小学校でも、かぜやインフルエンザでお休みをする子どもが増えてきています。予防に心がけてください。症状としては高熱が出たり、気分が悪くなったりするようです。
①外から帰ったら、うがい手洗いをする。
②人ごみに出かけることをできるだけ避けること。
③睡眠をしっかりとること。

平成15年2月24日

早いもので後1ヶ月で14年度もおしまいです。

寒い中でも木々が芽吹き、草の芽が出、春の息吹が感じられる今日このごろです。子どもたちも一年のまとめをする時期になりました。14年度は新しい教育が始まった年でもあります。週5日制、週休2日制の生活にも慣れたでしょうか。常に土・日と2日間のお休みが続くわけですが、生活のリズムはできてきたでしょうか。いかがですか。休みが増えてゲームをする時間が増えたとかテレビを見る時間が増えたとか、お手伝いをするようになったという声も聞かれます。

週休2日になって一年が経ちます。各家庭で子どもたちのお休みの過ごし方、今一度考えてみてください。『生きる力』をつけるためにどんな生活が子どもの将来のために良いのかじっくりと考えてみてください。

私は、やはり、城山小学校の合い言葉『できることふやそう・すきなことをみつけよう』とする心が大事だと思います。

《知育・徳育・体育》のすべてが大切であり、人間として育つおおもとになることだと思います。学力も、もちろん大事です。でも、徳育、やさしい心をもつ生活も大切だと思います。担任の先生から、子どもたちの思いやりのある友達とのかかわり方が聞こえてきます。児童数が少なくお互いがよく知り合っているという利点だと思います。小学生のうちにそんな心がもてるようになることが将来に向けても大事なことだと思います。そして、体力、健康あっての毎日だと思います。学校では20分休み、昼休み、サッカー・ドッジボール・なわとび・たけうま・一輪車と元気いっぱい遊んでいます。子どもたちは学校・地域・家庭のいろいろな場面で日常の生活の中で『できることふやそう・すきなことをみつけよう』と努力をしていると思います。

《学習のまとめの時期です》

今年度、勉強したことは今年度のうちに理解して定着させておきましょう。今日の朝会

で子どもたちに話しましたが、後、４週間で卒業式・修了式です。今年習ったことの学習は今年のうちに理解をするようにと学校でもまとめの段階に入っています。ご家庭でも自分から進んで力をつけるようにと努力をさせてください。自分で時間を見つけて、寸時を見つけてコツコツと努力する声かけをお願いします。

進学、進級してからの学習に自信がつくようになるといいですね。

『防犯安全教室』……多摩警察署のお巡りさんから……

不審者が出たり、子どもが良くない行動をしたりして困る、というようなことが聞かれることが多くなりました。そんなことを気にして、生活指導部の先生方がどうしたものかと思案をし、今年度始めての試みでしたが、多摩警察署からお巡りさんにおいでいただいて『防犯安全教室』を開きました。担当の男の刑事さんと婦人警官の方とお二人においでいただいてご指導をいただきました。

全校児童には20分ほど一人で遊ばない、変な人についていかないということで大きな声で助けを呼ぶことの大切さを教えていただきました。

５年生と６年生には、１時間をかけて全体的にきちんとした生活をすることの大切さを話していただきました。子どもたちには今からしっかりとした生き方、生活を心がけてほしいと思います。

子どもたちへの指導の後、校長室でお話をうかがいましたが、幼いときからの生活の仕方が中学、高校での、生活の仕方を左右するということを話していました。

たとえば、服装についても、子どもらしいものを着せる。髪の毛のカットも子どもらしく、茶髪などとんでもないということでした。今は子どものうちから、化粧をしたり、ピアスをしたりということもあるようですが、子どもをきちんと育てたいと思うならばやめさせた方がよいと話していました。子どもが小さいうちは、子どもがかわいくて、ついつい、かわいさあまっていろいろとやってしまったり、認めてしまったりするのでしょうが。小学生のときから、子どもらしくすることを心がけてあげることが、中学生になっても自分からしっかりときちんと生きる、意欲のある子どもに育っていくのだという話をしていました。親の言うことをしっかりと聞く、小学生のうちに良い生活習慣を身に付けさせることが大事だということでした。現実に、問題のある大変な子どもたちにかかわりをもっているお巡りさんのお話です。ご家庭でも、ぜひ、わかって、考えてほしいと思い、書かせていただきました。

ついでに、1つ、髪の毛の長い女の子、髪を束ねて結んでくるといいですね。何かのときに危ないなと思うことがあり、「はっ」とします。老婆心ながら……。

平成15年度

平成15年4月10日

満開の桜の花のもと15年度が始まります。

本日は保護者会へのご出席ありがとうございます。

日本の国で大きな教育改革がなされてから2年目に入ります。週5日の生活にも慣れてきたのではないでしょうか。子どもたちは新しい学年になり、希望に胸を膨らませながら緊張感をもって新年度を迎えたことと思います。この子どもたちの緊張感を上手に生かして、目標をもたせてがんばらせていきたいと思います。

入学式で、かわいい36名の1年生を迎えました。1年生を迎えてみて、子どもの1年間の成長の早さに今更ながら驚きました。2年生から6年生まで本当にびっくりする成長ぶりです。

入学式で、保護者のみなさんに子どもたちの学校生活の楽しみを共有し、子どもの日々の不安を取り除く働きかけをお願いしますとお話をしました。親子の会話と家族で「喜怒哀楽」を共にすることの大切さを話しました。子どもが小学生の間は、こんなかかわりが

大切であると思います。これからの教育は、家庭と学校が手を結び、地域の協力を得ながらの教育、子育てが求められています。ご支援とご協力をお願いいたします。

本日は簡単なものではありますが、ご家庭での子育て・教育への支援、学校への協力にも生かしていただきたく、城山小学校の『学校経営方針』をお示しいたします。

学校経営は日本の国の教育方針にのっとったものであり、東京都教育委員会の教育目標を受けた稲城市教育委員会の教育目標・基本方針に即したものです。

特に、稲城市教育委員会では、14年度より広報『ひろば』で示したとおり『エデュケーション』プログラムのパブリックプランにのっとった、城山小学校らしさを出したマイプランとしての学校経営を実践していきたいと考えています。

新しい教育の目的として、「子どもたちの将来に向けて〈生きる力〉を育てる」とあります。城山小学校では〈生きる力〉を育てるため、教育目標を人間の教育にとって大切な「知育・徳育・体育」をしっかりと身に付けさせるために

『進んでやる子・思いやりのある子・元気な子』

と決めてあります。

そして、教育目標を達成するために今年度も「合い言葉」を

『できることをふやそう・すきなことをみつけよう』とし、知（知識を得る）・徳（心豊かな子に育てる）・体（体力をつけ元気な子どもを育てる）のすべてにおいて、自

分の可能性をとことん探ってほしいと思います。やる気を出さないと何もできない子どもになってしまいます。1日の時間の過ごし方を考えてあげてください。
そして、15年度は3つの約束を更に定着をさせていただきたいと思います。

① 朝、元気に学校に来る。
生活リズム（基本的生活習慣を身に付けること）を整えて、朝、子どもを余裕をもって学校に送り出してください。「夜は早く寝る」ことはもちろんです。
② できることをふやす。
子どもは自発的に物事をやりたがるものです。子どもがやりたいという気持ちを大事に考えて、なんでも自分で、できるように手助けをしてあげてください。
③ 友達と仲良くする。
子どもは人とのかかわりの中で育ちます。子どもが友達を大切にし親子の会話の中で自分の生き方をみつけるような生活をしてほしいと思います。ご家族の方の良い生き方を示してください。

「知育・徳育・体育」プラス「食育」
15年度からは子どもを育てる上で最も大切な「食育」についても家庭と学校で考えて

いきましょう。「食」という字は『人に良い』と書きます。

栄養を考えて食べることは、まずは、体のため、健康のために大切です。

キレる子、疲れやすい子が出るのも食べることから発しています。

元気で、思いやりのある、進んでやる子を育てるためには、まずは、食べること食育であると思います。子どもたちのために「食育」に目を向けましょう。


校長だより、15年度も折りにふれて出させていただきたいと思っています。ご意見ご感想などがありましたらぜひお寄せください。保護者のみなさまと、教職員との協力により城山小学校の教育を更に高めていきたいと思います。

平成15年5月16日

明日の土曜授業参観・道徳授業地区公開講座の授業の参観、講演会への出席、よろしくお願い申しあげます

子どもたち、入学・進級して一月半が経ちました。それぞれに進級をしたことに自覚をもち、努力をしています。ご家族おそろいで、ぜひ、学校においでになり子どもたちの姿を見て誉めてあげてください。子どもは親に誉められることにより、更に、がんばろうと意欲を燃やすものです。このチャンスを上手に子育てに生かしてください。

私は子育てほど人間にとって大事なことはないと思います。また、子育てほどやりがいのある楽しい仕事はないと思っています。人それぞれの気持ちのもち方、かかわり方によっていかようにでも育っていくものだと思います。子どもの成長を楽しみに親も働く意欲、生きる楽しみを得ていくものだと思います。

子どもの成長は無上の喜びではないでしょうか。

授業参観で子どもたちのがんばっている様子をみてあげてください。そして道徳の授業では、子どもたちが相手の身になって考える優しい心の動きを受け止めてあげてください。子どもたちはいろんな場面で本当に真剣に物事をとらえ考えている、そんな気持ちをわかってあげてください。

ご講演をいただく教育委員の玉田元康先生はご自分の幅広いご活躍の経験を稲城市の教育委員として子どもたちのことを真剣に考えてのご指導をくださっています。

先生はボニージャックスのメンバーとしてご活躍ですが、ボニージャックスの4人のメンバーは結成当時から障害児の施設を訪問しボランティアで歌のプレゼントをしてきたそうです。そして、子どもたちの作った詩に曲をつけたりして歌ってきたそうです。本当に心温まる活動を続けてきています。そんな、経験の中からも私たちの子育て、教育に役立つお話を聞かせていただけることと思います。

17日（土曜日）は休日のところですが、ぜひご来校いただき子どもたちの学習の様子を見てあげてください。

食育

4月の校長だよりで今年度は『食育』にも目を向けましょうと書きましたが、その後いかがでしょうか。子どもたち、三食をしっかりと食べているでしょうか。

特に朝ご飯はどうでしょうか。

登校時の寝ぼけ眼がとても気になります。朝、学習が始まる2時間前までには起きることが大事です。人間の脳は起きてから2時間経たないと目覚めないと言われています。学校は8時15分に登校し、8時30分に始まり、8時45分には1時間目の授業が開始となります。『起床の時刻は遅くとも6時45分までには起きる』ということになるでしょうか。そして、ゆっくりと身支度をし、朝食もゆっくりと食べるのがよいですね。夜も早く寝て、生活リズムを整えることが大切ですね。

朝、登校するのが遅くなったり、寝ぼけ眼で、朝のあいさつも元気にできない子がいます。成長過程の子どもの一日一日、本当に大事です。毎日の生活をおろそかにすることで、せっかくの子どものやる気を台無しにしてしまいます。

服部栄養学校の服部先生は、食育での基本は3つだと言っています。

第一に、安全な食品の選択ができることが大切である。どんな食品あるいは食品が安全かを判断する力をつけることが大事です。キレる子、疲れやすい子が増えているのも、食べるものと、食べる時間の影響からである。

第二には、食のマナーが大切である、と言っています。気持ちよく食事をするためのあいさつ、食事の前に手を洗うこと、お箸の使い方もきちんとすることを教えることが大切です。私は6年生が卒業するときに、日本の伝統文化を少しでも知ってほしいとお抹茶をごちそうしお箸のとり方、もち方を教えています。

第三には、環境問題にも目を向けることが大切だと言っています。食を育む地球環境を考える力が大切です。食料の自給率が低いにもかかわらず食べ物を捨てる率が大変多い、食物を大事にすることを教えることが大事である。

栄養を考えて、マナーを大事に、そして環境を考えて人類の未来も考えて食育にも目を向けていきましょう。

平成15年5月30日

先日の土曜授業参観・道徳授業地区公開講座の参観、講演会への大勢の出席ありがとうございました

当日はたくさんの保護者のみなさんにおいでいただき、子どもたちは大喜びで張り切って学習をしていました。子どもたち、たくさん誉めていただきましたでしょうか。

『感受性と想像力』というお話でしたがいかがでしたでしょうか。

私も常日ごろきれいなものを見たら感動し、喜びを感じてほしいと願っていますが、玉田先生のお話をお聞きしてつくづくその大切さを思いました。自然豊かな稲城市で育ち、自然に感動する気持ちをしっかりともってほしいと願います。子どもへの日ごろからの大人のかかわり本当に大事だと思います。

玉田先生からいいお話がうかがえました。

城山小学校の教育に、ご家庭の子育てにぜひ活かしていただきたいですね。

…いろいろ、ちょっと、ひとこと…

○一年生の子どもたち、どうしているかなと思って時々教室をのぞきにいきます。

先日、給食を食べているときに行きました。全員、とてもおりこうで給食を食べて

いました。思わず「おりこうだね。がんばっているね」と誉めてしまいました。
1年生も学校生活にもしっかりと馴染んだようです。

○2年生、29日は学校の駐車場の門側の《梅の実》とりをしました。学校の梅、例年になくたくさん実をつけました。子どもたちは大喜びでした。

○5年生、5月22日（木）〜23日（金）と移動教室で御岳山へ一泊二日で行ってまいりました。かなり、ハードな行程でした。一晩目に疲れが出た子もいたようですが全員で総合的学習の良い調べ学習ができたようです。

○たてわり集会を29日に行いました。今年2度目の集会でしたが、1〜6年までのたてわりグループで仲良く遊んでいました。

『城所竜弥くん』　稲城第三中学校の卒業生、現在高校一年生

2年連続日本学生科学賞奨励賞受賞

ということで、東京都教育委員会より表彰されました。5月10日発行の市の広報《ひろば》に掲載されていました。記事にお気づきになりましたでしょうか。
また、この受賞については5月5日の朝日新聞多摩版と産経新聞にも大きく取り上げられていました。城所君が稲城第七小学校の1・2年生のころに私は稲城七小で教頭として勤務していました。稲城市内の卒業生であり、私としては1・2年生のかわいいころをよ

く知っている子であり、また、お母様共々とても印象的な思い出深い子どもです。

城所さん親子のことで心に残っていることを書かせていただきます。

まず第一に、城所君には幼いころから『すきなこと』があった。とにかく、虫が大好きでした。虫を見つけるとその場所を動こうとせず、竜弥君の耳にはチャイムも聞こえなかったようです。お母様は竜弥君をとても気にして悩んでいた時期もあったようですが、とにかく、虫が大好きということを大事に考えられて、とても上手に子育てなさったと思います。結果が今回の受賞につながったと思います。

第二には、一人っ子ということで、「竜弥は友達の中で育てていただきます」とおっしゃっていました。「兄弟がいないので、学校で友達とのかかわりの中で、心の温かさを学び社会性を身に付けさせていただきます」ということでした。「兄弟のいる子の兄弟の温かい交わりも友達から学ばせていただきます」ということでした。ですから、城所さんにとって学校は学習だけでなく、徳育、体育などさまざまな生活すべてにおいてとても大事な学びの場だったようです。

第三に、お母様は子どもを育てるために学校への協力をできるだけさせてくださいということで、小学校に入学してから、中学校を卒業するまで毎年、ＰＴＡの委員・役員・会長さんなどをしてくださっていました。学校にくるということで子どもたちの様子がよくわかる。子育ての参考になるということでした。

私は城山小学校では『合い言葉』として『できることをふやそう、すきなこととみつけよう』と言っていますが、このことについては、何をするにも回りの大人の協力が大切だと思います。

子どもたちをたくましく立派に育てるために家庭で、学校でと支え合い協力していきましょう。

城所竜弥君の業績とともに、お母様の子育ての姿勢も参考にしてほしいと思い取り上げさせていただきました。

平成15年7月10日

一学期末の保護者会ごくろうさまでした。

6月の23日にプール開きをいたしました。今年はプールが始まる前に市教委でプールの外回りの修理を念入りにしていただきました。また、業者によるプールの掃除も早めにしてもらい、1・2年生はヤゴ取りをしました。教室の水槽にいっぱいヤゴを飼い、たくさんの〝とんぼ〟が孵りました。子どもたち大喜びでした。プール指導を行うためにもいろいろな教育ができ、楽しめます。教育のチャンスはどこにでもあると思います。子どもたちにいろいろな面で楽しみながら学んでほしいと思います。
子どもたちの楽しみにしていたプール指導ですがプール開きをしてからお天気が悪い日が続き、水温気温共に低く水泳指導がなかなかできない情況です。早く暑くなるのが待たれます。

夏休みの宿題

夏休みは計画的に

後一週間あまりで夏休みです。いつも、長期の休みの前には「校長先生の宿題」として子どもたちに「お休みの間にこんなことをしましょう」と宿題を出しています。だんだん「校長先生の宿題」にも慣れてきて『校長先生、今度の宿題は何ですか』と聞いてくる子もいるようになりました。

どうしようかなと考えましたが、今年度はじめに『食育』にも目を向けましょうと提案をしましたことも考えて、夏休みは、『食事の準備や片付けのお手伝いをしましょう』ということにしたいと思います。

学年とそれぞれのご家庭の事情、子ども一人一人の個性によってもできることが違ってくると思いますが、とにかく、続けて楽しくできること、そしてそのことが自分のためになること、『できること』がふえることになるとよいと思います。

食事の準備、片付け、お料理を手伝ったり、お料理を自分でするのもいいですね。食事の大切さをわかってほしいと思います。

学校運営連絡協議会

城山小学校の学区内の各組織や保護者代表の方々から本校の教育活動や運営全般についての情報や意見をいただき連携を深め開かれた学校運営を推進するためです。

右記の趣旨で平成13年度4月より実施してまいりました。

平成15年度第一回を7月8日（火）に開催いたしました。

夏休みになったら6年生は林間学校に出かけます。

7月21日～23日までの2泊3日で長野県立科町女神湖に出かけます。

女神湖の湖畔の国民宿舎・蓼泉閣に宿泊し、尖石縄文考古館・車山高原・蓼科牧場などに行ってきます。

子どもたちの安全を守るためにご協力をお願いします。

子どもたちに関する事件・事故が増えています。夏休みに入ることも考えて子どもたちの身の安全をしっかりと守っていきたいですね。子どもたちに遊びに行くときは

《行く先・誰と遊ぶか・帰る時刻》をしっかり言わせ、くれぐれも注意をするように呼びかけていきましょう。そして保護者の方がゆとりのあるときはできるだけお家の外まで出て子どもたちの送り迎えをしてあげるのがいいですね。地域の中に大人の姿がより多く見えることが防犯に役立つことになります。

7月6日（日）青少年の環境浄化パトロールに参加いたしました。市内全体大勢の方が参加していました。私も養護教諭のS先生と校外委員会のお母さんたちと城山小学校の学区域の見回りをしました。学区域をきれいにして、子どもたちを守ってくださること本当にありがたいですね。

健康増進法の施行に伴い、
稲城市では、7月1日より市内の各施設は禁煙とするようになりました。
城山小学校も校内、禁煙といたしましたのでお知らせいたします。

平成15年7月18日
明日からいよいよ44日間の長い夏休みに入ります。

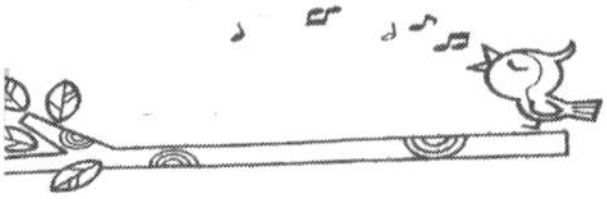

テレビ・新聞でご存知かと思いますが、稲城市内で大変なことが起こってしまいました。子どもが13日から行方がわからなくなって心配していたところですが、子どもたちが昨日の昼に無事に保護されたと報道されました。良かったです。本当にほっといたしました。一学期が無事に終わりそうだと思っていたところでしたので本当に良かったと思います。このことがあって、あらためて、長期休業中の子どもたちの生活にしっかりと目を向けていかなければいけないと思いました。急遽「校長だより」を出させていただきました。

家庭で、子どもとのかかわりの中で次のようなことに、あらためて気を配っていきましょう。

・子どもが外出するときには、どこに行くのか、一緒に出かける友達の氏名や帰宅時間などをしっかり確認しましょう。

・永山や多摩センター・立川・新宿・原宿などの繁華街へは子どもだけで絶対に出かけないように指導し、用事のあるときには保護者と一緒に出かけるようにしましょう。

・子どもの様子がおかしいときや変化の兆しを感じたときは早めに学校に相談に来てください。

例、落ち着かない。　正視できない。　そわそわしている。

言葉遣いが変わった。　帰宅時間が遅い。　派手な服装、染髪をしている。
与えていないお金を所有している。　買い与えていないものを所持している。
携帯電話、インターネット、チャットに熱中している。
・しかるときはきちんと子どもにわかるようにしかる。
・普段から子どもの話をよく聞き、子どもの考えていることを理解し、いつでも子どもの相談に乗ってあげるように心がける。
・食事も一緒にして楽しい温かい家庭とするようにする。

……『あゆみ』……　をお渡しいたしました。

新しい教育が始まって2年目、『あゆみ』の評価も変わりました。
子どもたち一人一人のどこを、どう伸ばしていくかを重要視した評価です。一学期の成果です。どの子もよくがんばったと思います。ぜひ誉めてあげてください。そして、やる気を喚起してください。次へのステップのため夏休みにもどんなことでがんばったらよいかと相談にのってあげてください。

7月15日付　広報《いなぎ》ごらんください。

①最初のページ、環境美化市民運動のところに城山小学校の5年生のT・Oさんと3

年生のS・Oさん姉妹の写真が載っています。2人で美化運動に参加してくれたのですね。えらいですね。

今年の環境美化市民運動は7月20日（日）です。ぜひみんなで参加してほしいですね。

②同じページの環境ポスター、優秀作品、昨年度の6年生のN・W君の作品です。

③中の方の《ひろば》の学校教育だよりに『縦割集会やコンピュータの活用』が掲載されています。

どれも、掲載されて、うれしいことです。ご覧ください。

夏休みこんなこともぜひやりましょう。

20分読書しましょうね。

校長先生の宿題、食事の準備、後片付けしましょうね。

自分で必要と思うこと、やりたいと思うこと、ぜひ、やるといいですね。

『できることをふやし、すきなことをみつけましょう』

そして、ぜひ、安全に気をつけて過ごしましょう。

平成15年9月5日

二学期が始まりました。

夏休みはいかがお過ごしでしたでしょうか。雨が多く気温の低い日が続き、夏休みの意味もあまりなかったかな、と思いますがそれでも、やはり、長期のお休みで普段と異なる生活をすることで、子どもたちの生活に変化をもたらし、新しい発見、経験ができ、子どもたちを更にたくましく成長させていくことになると思います。

長いお休みでなければできない、子どもの成長につながる思い出に残る過ごし方ができましたでしょうか。のんびりとゆったりと時間のある中で、できることもふえ、すきなこともみつけられたでしょうか。自然の観察をしたり、工作をしたり、手芸をしたり、読書したり等々、いろんなことをやってみて、思わぬ楽しさを見つけたり、得意だといえることを見つけたりということもあったのではないでしょうか。

子どもの可能性ってすごいと思います。

学校・家庭・地域でと、いろいろなチャンスを与えてあげてほしいと思います。２学期もまた学校では、運動会や学習発表会などの行事の中で、そして、毎日の授業・生活の中で子どもたちが高まる指導計画を立て、子どもたちの成長を促していきたいと考えます。お家でもぜひ子どもたちのためにと考えてのアプローチを、よろしくお願いします。

一学期末には稲城市で大変な事件が起こりました。学校の教育、家庭での子育てをどのようにしていけばよいかと、本当に考えなければいけないと思います。

今の世の中ちょっと油断をしていると、交通事故にあったり、とんでもない事件にあったりします。夏休み中もテレビや新聞で、小中学生が巻き込まれての事件がいっぱい起こっていることが報道されました。休み中、事件が起こるたびに、驚き、ヒヤヒヤとした毎日でした。2学期になって子どもたちの元気な顔を見て、ほっとしました。子どもたちが安全に育つようにと心から願います。学校と家庭で心を合わせて子どもたちをしっかりと育てていきましょう。

学校だよりでお知らせしましたように、【親や先生・大人が言うことをしっかりと聞き、受け止める】ということをまもらせましょう。

始業式には子どもたちに3つのお話をしました。

1　夏休みのお友達の良い経験をしたことを聞いたら自分の役に立てる。

2　【親や先生・大人が言うことをしっかりと聞き、受け止める】ということを守る。

3　2学期、一年じゅうでいちばん過ごしやすい学期です。日ごろの生活・授業、行事（運動会・学習発表会）で自分の力を発揮し『できることをふやし、すきなことをみつけましょう』と話しました。

生活指導として、養護の先生からは5つの質問がされました。
①朝、自分で起きましたか。
②顔を洗ってきましたか。
③朝ご飯を食べてきましたか。
④歯をみがいてきましたか。
⑤ウンチをしてきましたか。
全部◯だった人は心が晴々しているでしょう、とのお話でした。

生活面でも一人一人が努力することが大切でしょう。

(子どもから学校の始業式などどんなお話があったのかということも聞いてあげてください。いろんな面で親子で共通理解をすることが子どもの成長に役立つのだと思います)

夏休み、校長先生の宿題として子どもたちに出した、食事のお手伝いはできましたでしょうか。食に関心をもつこと、生きていく上ですべてのもとになります。まずは、体の健康、元気のもと、精神面で心の健康、頭脳の面で、子どもが育っていく上でのすべてのもととなります。家族の一員として食事に関するお手伝い、とっても大切なことです。家族でともに食事に関して関心をもつこと、一緒に食卓を囲み楽しく会話をし食事をすること

は子育ての上で最重要なことと思います。これからもずーっと続けられたらいいですね。おいしいものを食べるって幸せですね。

人間の生活の中で大切な【衣・食・住】、城山小学校の子どもは、【住】の面では全員が恵まれた環境にあります。また【衣】の面でも毎日の子どもの様子を見ているとこざっぱりときれいな衣服を身に付けています。後はほかの人には見えない【食】の部分が気にかかるところです。「朝ご飯を食べてない」「夕飯が遅い（9時・10時となることもあるようです）」などの声が聞こえてきます。それぞれのご家庭でご事情があると思いますが、ちょっと考えてあげてください。

【私の経験から】

子育てをする上では、子どもの躾が、とても大切です。躾の中には、我が家のきまりというものがあってもよいのではないでしょうか。

私も男の子2人を育ててきました。大きくなっても心配はありますが、もう、子育ては終わったかなと思っています。そんな、2人の子ども時代を思い起こしてみますと、本当にいろいろと、苦労がありました。共稼ぎをしながらの子育てで、今、考えると必死でした。それでもやっぱり子育ては楽しかったと思います。そういう点においては子どもに感謝しているというところが本音ですね。子どもを育てるときは、自分を犠牲にもしなければいけないし、子どもに我慢もさせ物事を教えていかなければいけないしといろいろあると思います。それがまた子どもの成長にとって大事だと思います。親の苦労もわからせ子どももつらい思いもしそんな中で子どもは育っていくと思います。

子育ての中で、子どもが言うことを聞かない、「近所の子、よその子はいいのにどうして家ではだめなのか」ということもありました。

その上での我が家のきまりの中には次のようなものがありました。

①よその人から物やお金をもらったら必ず親に報告をする。
②出かけるときは必ず行き先と一緒に行く人、帰る時刻を言っておく。
③お小遣いは何に使ったか報告する。
④家族の一員としてお手伝いをする。
⑤食事のとき、配膳片付けを手伝う。
⑥早寝早起きの励行。
⑦家のお客様には挨拶をする。

子どもの生活面でのこと、各家庭によって違うでしょうが、親の愛情から出てきたきまりは子どもが育っていくために大切なことだと思います。子どものためと決めたことは、子どもにも理解はできるし、親に愛されていることははっきりとわかるものだと思います。

先日の事件があった後、子どもの教育・子育ての大切さをつくづくと思いました。

特に家庭における子育てにより子どもは育ちます、子どもをどのように育てていくかという親御さんの考え方が子どもたちの成長に大きく影響を与えます。将来ある子どもを学校と気持ちをそろえ一緒に大事に育てていきましょう。

そのためには次のようなことにも目を向けていくことが大事だと思います。

地域の行事、施設の利用で楽しく過ごせることを体験させてあげる。
夏休みにも次のような行事がありました。8月10日にはデイキャンプがあり、8月28日には城山児童館でお楽しみ会『夜だ集まれ、城山ランド』が開かれました。8月30日には向陽台夜店祭りが青少育の主催でされました。
9月になると、9月6日に稲城第五中学校のフレッシュコンサートがあります。また、9月13日に青少育主催の『ナイトハイク』があります。

インターネット・携帯電話にも気をつけてあげてください。

今までもこの校長だよりでたびたびお知らせしましたが「心の東京革命」の心の東京ルール～7つの呼びかけ～にも改めて目を向けましょう。地域、家庭で子どもが育っていく上で本当に大事なことが書かれています。

学校からはこの校長だよりのほかに、保健室から『ほけんのひろば』、各学年から学年だより、学級だよりなどが各ご家庭に配られています。学校では子どもたちの日々の様子を見ながらぜひご家庭でも参考にしていただきたいことを思いを込めてお便り形式でお知らせさせていただいています。ぜひお読みいただき学校教育へもご協力をいただきながら子どもたちをたくましく育てていきましょう。

子どもたちが毎日を楽しく過ごし、夢中になって取り組めることが見つかるように大人がアドバイスをしていきましょう。『できることがふえるように、すきなことがみつかるように』と願います。よけいなことに気がむかないようにするためにも大人が努力をしていきましょう。

平成15年10月10日

10月4日、お天気にも恵まれて無事に運動会が終わりました。

たくさんの保護者のみなさん、地域の方々においでいただき応援をしていただきました。ありがとうございました。

運動会ではいつも子どもたちに、『きびきびと、けじめをつけて、おもいっきり』ということで、励ましてがんばらせていただきます。今年の運動会、一人一人の子どもがことのほかよくがんばったと思います。このような活躍のチャンスに自分のもっている力を存分に発揮し自分に力をつけておもいっきり成長をしていってほしいと思います。そして運動会でがんばった力、気持ちのよい、やったという快感をこれからの学習においてもほかのことでも発揮していってほしいと願います。

児童数の減った中での運動会です。単学級もある中で先生たちも子どもたちの出場種目にも頭を悩まし、担任一人の指導で広い校庭でいかに子どもたちを活躍させるかと工夫をしながらの毎日の指導がありました。ごらんになった当日の結果をもとに、子どもを励ましていただきたいと思います。

練習が厳しいと感じた子どももいたかと思いますが、最終的にはよくがんばり、この経験の中でこそ力がついたと思います。やるときはやって思いっきり『できることをふやし』

自分に力をつけてほしいと思います。毎日の練習を見ていると本当に子どもによって違いがありました。元気でがんばった子どもは力がついたと思います。

城山の会、運営委員・校外委員のみなさんには日ごろからお世話になっています。このたびの運動会では、場内のパトロールありがとうございました。おかげさまで学校側としては、教職員が安心して子どもたちの指導に当たることができました。
また、保護者のみなさんには運動会修了後に片付けのお手伝いをしていただきました。テント、入退場門と重くて大がかりなものの片付けでしたのでお父さんたちにもお残りいただきまして本当に助かりました。ありがとうございました。学校も小規模化し教職員の数も減ってきていますので本当に助かりました。

＊地域であいさつを心がけましょう。

食育

食欲の秋です。気候が良く、実りの秋です、何を食べてもおいしい季節です。『天高く馬肥ゆる秋』と言われる季節です。大人にとっては要注意の季節ですが、子どもたちは栄養を考えた食事をしっかりととっているでしょうか。特に朝ご飯はきちんと食

べているでしょうか。朝ご飯をきちんと食べているということが子どもの一日の生活にとても大事なことです。

勉強がしっかりとできる。友達と仲良くできる。運動が思いっきりできる。ということは、朝の食事をしっかりととってきて初めてできるということです。お腹がすいているとイライラします、何をする意欲も起こりません。いい子に育てたいと思ったら、まず、朝ご飯をしっかり食べさせることが大事ですね。朝ご飯をしっかり食べさせることで生活リズムも整ってきますし早起きもできることになると思います。


明日から3日間、また…**連休**…です。

お休みの過ごし方、子どもたちの行動に気をつけてあげてください。

『誰と』『どこで』『何をして遊んでいるのか』の気配りをお願いします。

先日お配りしました【子ども100ポイント・ラリー】にも目を向けて子どもにいろいろな体験をさせてあげてください。

このところ、マスコミで大きく報道されていますが、子どもにかかわる事件が増えてきています。
特に子どもが登下校の途中でさらわれるということが多くあるようです。

城山小学校の学区域も人通りが少なく心配です。

子どもが登下校するときには、各お家で、ご家族が自宅にいるときには、ぜひ、家の外まで出て子どもを送り出したり、迎えに出ていただくのがよいかと思います。地域に大人の姿が多く見られるようですと、悪さをする人も悪いことをすることができないと思います。みなさんで協力して地域ぐるみで子どもたちを守っていくことができます。よろしくご協力をお願いします。

平成15年10月24日

食欲の秋、スポーツの秋と気候の良い季節です。そして『灯火親しむの候』『秋の夜長です』

《10月27日から11月9日は読書週間です》

城山小学校では子どもたちに知育・徳育・体育全体にわたっての基礎・基本を身に付けるためにと考えて13年度から全校読書に取り組んでいます。お家でも20分読書をしましょうと本を読むことをおすすめをしてきましたがいかがでしょうか。読書週間をチャンスとしてぜひ読書をするようにすすめてください。

城山小学校では読書をすることによって、次のような力がつくと考えました。

①集中力をつける。勉強も一生懸命にやるようになる。
②豊かな心。話を読むことによってやさしい心の持ち主になる。
③文章読解力。数多くの本を読むことにより読解力がつく。国語をはじめとして、算数の文章題を解く力などしっかりと身に付くと考えました。
④文章を速く読む力。読み重ねることにより本を読む力もつきます。
⑤図書、文字に親しむ力。身近な文章を読もうとする。
⑥継続する力。読書することによりいろいろなことでがんばる力がつく。
⑦時間を大切にする態度。読書する時間をとるために時間のやりくりをするようになる。
⑧わかる、感動体験の積み上げ。新しい知識を得ることができる。

①〜⑧までと、読書することによりたくさんの力がつくと考えます。欲張りすぎているとは思いますが、読書することによってこのような力がつくことは広く研究されて言われていることです。城山小学校の子どもにしっかりと力をつけたいと思います。ご家庭でもぜひ読書の奨励をしてください。そして、今、子どもがどんな本を読んでいるかにも目を

向けてください。日本の本、外国の本、おもしろい本、悲しい本、恐い本、歴史の本、伝記などなど、と、さまざまな本を読むのもいいですね、けっこう楽しめます。ご家族で楽しんでください。

今、城山小学校ではほとんどの学級で水曜日の朝自習の時間に保護者のみなさんに読み聞かせをしていただいています。ありがとうございます。子どもたちは自分で読書をするのも大事ですが、保護者のみなさんに読んでいただくのも大変楽しみで喜んでいます。ご自宅でも家族で読書をしたり、お父さん、お母さんが読んだり時には子どもが読んだりとそれぞれのご家庭のやり方で楽しんでください。

「城山の会の運営委員」のみなさんにはいつも大変お世話になっています。
・このたびご家庭での不要の本を学校に寄贈していただくというリサイクルへの協力をお願いすることになりました。
・図書室のソファ（六角形のもの）の修理をお願いしました。5年2組のIさんが直してくださることになりました。

今、学校の図書室には図書の修理をしてくださる方、T先生がおいでくださっています。図書室、本当にきれいになりました。

11月15日（土）は学習発表会です。

例年のように、展示発表・ステージ発表と学習発表会を行います。

今、子どもたちは準備に大わらわです。ぜひ、今から予定していただいてご参観をいただきますようにお願いいいたします。

稲城市の広報『いなぎ』10月15日号ご覧になりましたでしょうか。
子どもたちに役に立つ地域の行事のことが盛りだくさんに掲載されています。
学校教育だよりの欄には『子どもを見守る稲城ネットワーク』の立ち上げに寄せてということで松尾澤教育長の言葉があります。ぜひ、お読みください。子どもたちが地域に根ざした心の落ち着いた、心豊かな子どもとなるようにと願います。

平成15年12月8日

保護者会、ご出席ありがとうございました。

あっという間に木々が紅葉し、落葉しと、城山小学校の周りの景色も大きく変化をしています。月日の経つのの早いことにびっくりの毎日です。城山の子どもたちも11月15日に学習発表会を済ませ、早くも2学期の学期末を迎えています。2学期、どんなことで、できることがふえ、すきなことがみつけられるようになったでしょうか。

2学期間をふり返り、考えるチャンスとしていただきたいと思います。

暑い9月から、寒くなったこの12月までの長い4ヶ月間です。後、2週間で年末年始も含んでの冬休みです。一年の節目の時期を子どもの成長に上手に取り入れていくのがよいと思います。私もこの冬休みを子どもたちに大事に活かしてほしいと願い、長期の休業中に出している校長先生の冬休みの宿題を次のようにいたしました、ご家族でちょっと、興味と関心をもっていただけるとよいかなと思います。

『校長先生の冬休みの宿題』

日本の国では季節に合わせて昔から【食べる】ことについてもいろいろといわれがあって、そのことを気にしながら、健康のためにもと考えて食事をしています。特に年末年始、冬の寒いときにはそのようないわれが多いように思います。今年の冬休みは【食育】の一つとして、そんなことを気にしながら、調べてみるのがいいかなと思います。よく言われていることで、

1　冬至（12月22日）に【かぼちゃ】。食べることではないですが、【柚湯】。
2　大晦日の【年越しそば】。
3　お正月の【お節料理】【お雑煮】。
4　1月7日の【七草がゆ】。などなど。

それぞれにいわれがあったりしきたりがあったりしますね、地方によってもお家によっても違いますね。そんないわれを調べたり、おじいちゃんやおばあちゃんにお話を聞いたりするのもいいですね。またまた、『できることがふえ、すきなことがみつけられる』でしょう。
子どもはいろいろなことをやりたがっています。仕事をするのも大好きですよ。

『鑑賞教室・江戸の里神楽』

11月27日（木）に城山小学校の体育館で開催いたしました。保護者のみなさんにもご案内を差し上げ、多数のみなさんにおいでいただきました。ありがとうございました。

14年度からの新しい教育では音楽に和楽器などを取り入れるようになっていますが、そんなことから、音楽のF先生が、文化庁の芸術家派遣事業に応募してくださり開催できることになりました。全国で30校、都内で2校の中に選ばれました。

江戸の里神楽は矢野口にある穴澤天神社の宮司・山本頼信氏が主宰する歴史ある神楽で

あり「国指定重要無形民俗文化財」です。稲城の中でも自慢のできる文化財です。子どもたちに江戸の里神楽を鑑賞することにより稲城の良さを知り稲城の歴史を知る上でとても貴重な経験ができたと思います。常々地域に根ざした教育・子育てを願っているところですのですばらしい鑑賞教室ができたと思います。文化庁から出していただけるお礼はわずかですが、山本社中のみなさまのお気持ちでおいでいただくことができました。本当にありがたいことです。城山小学校では子どもたちに本物を見せ、体験をさせて、心豊かな良い子に育ってほしいと願っています。

また、次は、12月19日（金）に城山文化センターの共催ということで、『**地域ふれあいコンサート**』音楽教室を予定しています。「ＴＯＫＹＯホームコーラス」という日本で幅広く活躍している合唱団においでいただき楽しい演奏会が期待できると思います。こちらは申し込み用紙を、後日、お配りしますのでお申し込みください。

うわさでお耳に入っていることかと思いますが、テレビでも有名なトランポリンの中田大輔さんが10月始めから城山小学校の体育館で仲間と一緒にトランポリンの練習をしています。中田さんのご厚意で城山小学校の子どもたちにトランポリンの演技を見せていただけることになりました。今のところ、12月22日（月）にということで予定しております。くわしくは子どもに聞いてください。ぜひご都合をつけてご覧においでください。

神楽・合唱団・トランポリンとめったにない、すばらしい本物を見る機会が重なりました。城山小学校の子どもたちは幸せだと思います。将来に向けて『できることをふやし、すきなことがみつかる』ようにと願います。子どもと一緒に見てください。子どもの感想を聞いてください。子どもの意欲が高まり世界が広がることを期待します。

5年生の保護者、Iさんに図書室のソファのカバーを作っていただきました。綻びて困っていたソファでしたが、上品ですてきなカバーをつけていただきました。図書室が明るく落ち着いた雰囲気になりました。ありがとうございました。

平成15年12月24日

寒くなりました。いよいよ冬休みです。

子どもたちは長い2学期をとてもよくがんばりました。冬休み・年末年始をどんなにか楽しみにしていることだと思います。子どもたち、冬休みをどのようにして過ごすのかしらと考えるととても楽しみです。お家での年末の大掃除、子どもたちにいっぱいお手伝いをさせてあげてください。城山小学校の全員の子どもたちの2学期の『あゆみ』を読ませていただきました。どの子も本当によく努力をした・がんばったと所見欄に書かれていました。なんでもやればできる子どもたちだと思いました。なんでもやる、お手伝いをするチャンスを与えてあげてください。

お正月には、各家庭での新年を迎えるにふさわしい過ごし方をさせていただければと思います。新年のご挨拶をする。家族で楽しくカルタ取りなどのゲームをする。『食育』に関しての私からの宿題にも気持ちを向けてみてください。

お正月を新しい年の区切り、気持ちの切り替え、新しい意欲へのけじめとしていただきたいと思います。このけじめが子どもの成長にとって大切だと思います。

学校で子どもたちは、次のような新しい体験を2学期にいたしました。

子どもたちに『生きる力』をと考えて教職員が努力をしています。これからの自分の将来に向かって学習に、生活に、生かしていってほしいと願います。

【江戸の里神楽】

11月27日穴澤天神社の山本社中のみなさまにおいでいただき神楽を見せていただくという貴重な体験をさせていただきました。11人の方がおいでくださり、本格的な衣装で神楽をお見せくださいました。

【地域ふれあいコンサート】

12月19日（金）には『TOKYOホームコーラス』の演奏会がありました。各地でご活躍の合唱団ですがとても熱心なメンバーが集まっていて、とても楽しい音楽会をしていただきました。保護者や地域の方々も大勢おいでくださいました。指揮者の梅沢先生から鑑賞態度が立派ですと誉められ、特別に予定のないクリスマスの歌までサービスをしていただきました。

【トランポリンの演技の披露】

12月22日（月）には、トランポリンの選手の中田大輔さんが全校児童に演技を見せてくださいました。中田大輔さんはこの10月からトランポリンのお仲間の方たちと城山小学校の体育館で毎日のように練習をしていました。練習場をお借りしたというお礼の意味もあり、演技のご披露がありました。また、6年生には実際にトランポリンの指導がありました。当日は、「多摩テレビ」からの取材があり暮れの28日から一週間の間ニュース番組で報道されるそうです。

【鮭の卵】

5年生が飼育をしています。

卵が孵化してかなり大きくなりました。全校児童が成長を楽しみにしています。

【稲城アドベンチャープログラム】

5年生の子どもたちだけですが稲城市と教育提携をしている玉川大学から指導者がきて、

学年の子どもが仲良くするように、また、ゲームを通して問題解決をして学習にも役立てるようにという試みをしようという取り組みを始めました。5年生の子どもたち、楽しく取り組んでいます。

【社会科見学】

11・12月に、4・5・6年生が社会科見学に行ってきました。

・4年生は12月9日、水道歴史館・水の科学館。
・5年生は11月25日、三菱自動車川崎工場・朝日新聞社。
・6年生は12月12日、国会議事堂・江戸東京博物館。

普段は行けない貴重な見学でした。

【3・4年生、総合的な学習の時間】

平尾坂浜地域の農家宮田さん・杉山神社のお世話になり調べ学習をしてきました。教師OBの堀先生、米沢先生、そして3・4年生の保護者のみなさんにもお世話になりとても良いお勉強をしてきました。

子どもたちにはいつも、合い言葉として『できることふやそう・すきなことみつけよう』と言っていますが、このような体験を自分の学習に生活に生かしてほしいと思います。

26日から冬休みです。年の暮れからお正月、ご家庭で過ごすことも多くあることでしょう。多くのいろいろな体験ができるといいですね。大掃除のお手伝い、お正月の準備、家族そろっての食事、楽しいゲームをするなど、子どもに多くの経験、刺激を与えてくださることが子どもが成長するために大切だと思います。

冬休み、元気に、安全に気をつけてと願います。

・病気の予防、いろいろな病気がはやっています。うがい・手洗いをしっかり。

・『どこに行くのか、誰と行くのか、いつ帰るのか』をしっかりはっきりとして、寂しい所には行かない、盛り場に行かないなど、守らせてください。

平成16年1月23日

新学期があけて早くも1月もおしまいという時期になりました。

3学期、早々に女満別交流会がありました。

女満別の子どもたちは1月の12日に稲城に来て13日（火）には学校交流会がありました。今年は稲城第一小学校と稲城第三小学校と城山小学校が受け入れ校でした。城山小学校では5年生が中心とした楽しい交流会ができました。15日には女満別に帰る予定でしたが帰る日には北海道の女満別のある道東に低気圧がとどまり最悪の天気となり、いつもは雪のない女満別に大雪が降り、飛行機が欠航となりました。帰る予定の15日には帰れなく16日に旭川空港行きで帰っていきました。旭川から女満別まではバスで6時間以上もかかり大変な状況だったようです。引率の保護者の方からのお電話では女満別で今までにないことだということです。自然の恐ろしさを感じます。

子どもたちには今年の1月17日で、まる9年たった。関西大地震と一緒に、自然の大変さ、いつ、どこで、どんな目に会うかわからない、とっさのときの判断を自分一人でしなくてはならないことがありますねと話しました。学校での避難訓練も真剣にしましょうねと話しました。あまり子どもを怖がらせてもいけませんが、小学生にもなったら年相応にできることをできるようにさせていくのが大切ですね。

機会のあるごとに子どもに考えさせていきましょう。

書き初め展・授業参観と保護者会

へのご出席ありがとうございました。

保護者のみなさんがたくさんおいでくださりうれしかったです。特に、今回の授業参観にはお父様の姿が多く見られたように思います。お子様の学校での姿がご覧いただくことで児童理解が更に進み子どものかわいさがより増すことと思います。お父さんたち働きがいも出ますよね。我が家でも子どもが小学生のとき父親が授業参観や保護者会に出席して、

子どもたちとの距離が急速に近づいたように思いました。それから父と子で遊ぶことが多くなったように思いました。お父さんたちお忙しいとは思いますがぜひお時間をつくって学校にお出かけください。子どもたち喜ぶことと思います。

＊6年生の第五中学校参観はインフルエンザ予防のため延期としました。ただいま、日程の調整中です。

『ロードレース』に入賞。

1月18日（日）に稲城市で行われたロードレースで3・4年の男子の部に出場した

4年生の　J・Sくんが1位に

K・Kくんが4位になりました。

チャレンジする気持ちが偉いと思いますし入賞したこともすごいですね。

土・日のお休み、どのようにお過ごしでしょうか。

寒い日が続きます。インフルエンザがはやってきています。市内の小・中学校でも学年・学級閉鎖がされています。うがい手洗いをしっかりすること、人混みには出ないようにすること等予防に心がけてください。また、近隣の市などで不審者事件が多発していません。くれぐれも気をつけてください。
また、明日は城山小学校では、城山の会主催の防犯安全教室があります。当日参加も可ということです。ぜひ、参加してください。

最高学年になる進級を控えた5年生のこと。

○5年生が育てている「鮭」が大きくなりました。

卵から育てた鮭が見事に大きくなりました。体長7〜8センチメートル位になったでしょうか。5年生の子どもたちがお世話をしてくれたおかげです。生命のすばらしさ、神秘を感じます。2月の初めには多摩川に放流をしにいく予定です。

○5年生が「たてわり班」のリーダーとなります。

月に一度の木曜日の児童集会のたてわり遊びのリーダーが6年生から5年生に替わります。2月3月と先輩6年生の指導を受けながら、5年生は新しいリーダーとして活躍をしてくれることと思います。

平成16年3月15日

稲城の町のあちらこちらから梅の香りがし、緑の若芽が日に日に大きくなり、いよいよ春近しという感じがしてまいりました。学校は卒業式、修了式の年度末となり、まとめの時期となりました。子どもたちは進学、進級を控え、希望に胸をふくらませていることでしょう。今の学年のまとめをして、進級する新しい学年の心の準備をしっかりとさせたいと思います。次のステップへの大きな一区切りを自らけじめをつけることが大きく成長するもととなります。そのためには、大人の声かけが大切です。

今年一年間どのように過ごしたでしょうか。

『できることをふやそう、すきなことをみつけよう』の合い言葉についてはどうでしたでしょうか。それぞれに日々の生活を努力して、心して過ごせたでしょうか。

3つの約束も心に止めながら過ごすことができたでしょうか。

一つめ　朝、元気に学校に来る。

という約束はいかがでしたでしょうか。元気に学校に来て初めてやる気も出て勉強もよくできるようになるのです。ぼやっとしていては勉強もできるようにはなりません。先日の学校保健委員会で校内のアンケートでとった結果についてまとめたことについて話し合いました。その中で夜寝る時刻が遅い子が多かったこと、そしてその子どもたちの中でゲームをしたりテレビを見ている時間が長いということが大変気になりました。学習や読書の時間をとっているでしょうか。小さいうちに生活習慣を身に付けることが大切です。新年度を迎えるのを機会にぜひ子どもたちの生活の仕方について話し合いをしてみてください。

二つめ　できることをふやす。

どうでしたか。人はみんな日々向上心をもってあれもしたいこれもしたいと願いつつ過ごしているわけですが、子どもは成長期であり、子育ての躾の面でもできることをいっぱいふやし、将来に向けて生き方を決める上でもいっぱいできることをふやしてほしいと願います。そして、すきなことがはっきりとするといいですね。

三つめ　友達と仲良くする。

どうでしたか。人は人とかかわりをもつことにより成長をするものです。そして社会生活ができるようになるのです。子どもに仲良しのお友達はできましたか。ゲームをするのも機械を相手のゲームボーイよりパソコンのゲームより友達と一緒に笑い声をあげて過ごす方がどんなに楽しいか、そんな楽しさをいっぱい味わってほしいと思います。人間関係づくりの大切さを学んでほしいと思います。これから、大きくなっても城山小学校で学んだことを胸に秘め、『できることをふやそう、すきなことみつけよう』という気持ちを大事にしてほしいと願います。

6年生とのお別れ会食。

卒業を前にして6年生と5人ずつでのグループで会食をしました。

「校長室に入ったのは初めてだよ」「お客様になった気分だよ」とにぎやかな訪問でした。

楽しく給食を食べた後、全員にお菓子とお抹茶のご馳走をしました。

子どもたちには日本の伝統・文化に接してほしいという気持ちと、食事のときのお作法も身につけてほしいという気持ちで毎年この卒業の時期に実施しています。子どもたちには、お抹茶の味とお箸の持ち方を覚えてほしいと言っていますが、子どもたちはけっこう真剣に聞いてお菓子をお懐紙の上に取ることを楽しんでいました。

このことも『合い言葉』、『できることをふやそう、すきなことをみつけよう』の一端だと思ってサービスをしています。

大きく成長するにつれて日本の伝統文化の良さを、見つけ、身に付け、広く国際社会で活躍する日本人に育ってほしいと願います。


2月25日には**奉仕活動**へのご協力ありがとうございました。

例年、6年生が卒業のときには学校への感謝の気持ちを込めて学校をきれいにしてくれるボランティア活動が行われます。今年も保護者の会、城山の会の協力を得て、校庭の周りの溝の掃除を一緒にしていただきました。ありがとうございました。

学校をきれいにするために保護者に協力をしていただけるということは6年生にとっても下学年にとってもありがたいことです。

五年間の校長だより（始めのところ学校だより5・7月号「しろやま」より）をまとめました。毎年、同じ行事がくり返されますので、同じ内容の文章が出てきます。
毎年、進級した学年で新たな気持ちで読んで欲しいと思い発行したものを原文のままで掲載いたしました。

心に残る、特色ある二つの高学年の担任

同じ学校で、高学年を2回担任をいたしました。同じ学校であるのに2つのクラスは全く異なっていました。

その違いの内容は、A学級は荒れた学級であり、低学年のころから、保護者の関わりが少なかったようであり、私が担任した時には、ほとんど手がつけられない子どもたちでした。

B学級は、低学年のころから親から愛情を持って育てられていたということがよくわかる子どもたちでした。

二年間担任したA学級

年度当初、五年生を担任した時、そのクラスはすでに校内でたいへんに荒れたクラスだとの評判があり、学級担任の担当の希望が無く、校長のたっての願いで、担任をすることになりました。

私は、教師としてどんな学級であっても、自分が担任と決められた以上は、責任を持ってそのクラスを担任し、子どもたちの指導をすべきだと思っています。

さて、このクラスに、どのように学級担任として取り組めばよいかを考えました。このクラスでの悪（わる）のもとは何であるかと、その原因を探りました。そこで悪のリーダーが二人いることをつきとめて、その二人を指導することによりクラスの立て直しをすることができると考えました。私は、学級指導には常に、教師は子どもに愛情を持ってあたるということを信条としていますので、この時もたとえどんなに悪いといわれる子どもであっても「愛」を持って教師が接すればそれに応えてくれると信じていました。その気持ちを忘れずに指導にあたるという事を実行いたしました。

二人は一緒になってクラスのほとんどを引き連れて悪をしまくっていましたが、二人は本当は仲が悪いということがわかり、二人を引き離すためにそれぞれに声かけをしました。一人は、級友の前では、絶対に怒らないこと、恥をかかせないこと、プライドがとても高いということがわかりました。その子だけを呼び出し言って聞かせる、そのようにしないと、私のいうことを絶対にきかない。もう一人の子どもは、みんなの前で怒り、恥をかかせないと私のいうことをきかない、ということがわかりました。その事をいつも頭において、指導の徹底を図りました。

そして、校内で悪をして、他の先生から呼び出されて、お説教をされた時には、私は、その子どもと一緒に謝りました。決してその先生の前では子どもを怒らない、学級ルームに戻ってから、言って聞かせました。

さらに、悪いことをして他の先生から呼び出されてお説教をされた時には、「（お説教をされたことに対して）ありがとうございました。」と言って来る事、注意をしてくれることは、ありがたい事だという事、校内の先生方がみんなあなたたちのことを思って指導をしてくれているのだということをわからせる努力をしました。毎日、根気よく、このような指導を重ねることにより、子どもたちが自分たちのしている事がとても悪い事だということがわかるようになってくれたようです。担任をして半年ほど経った辺りから、徐々に、自分たちがしたことを反省するようになり悪い事をすることがだんだんに少なくなってきました。生活態度が落ち着いてきました。

一人目の悪のリーダーは、私のくりかえしの指導により、六年生になる時には、児童会の会長になり校内でのリーダーとなりました。校内のみんなのことが考えられる本当に良いリーダーになりました。悪のリーダーよりやりがいのあるリーダー役だと考えて、すごくがんばっていました。もともとその力があった子だと思いました。今まで何もわからずに気の向くままに荒れ狂っていたのだと思いました。本当にかわいそうなことをしました。二人目は、実に穏やかな様子でクラスの友達と関わりを持つようになりました。彼自身の本来の姿に戻ったようでした。専科担当の先生からは、「担任の先生は魔法使いのようだ」と言われました。

担任してからの半年間は本当に大変でした。気の抜けない毎日でした。私は、自分の体の具合が悪くても学校を休めませんでした。そのうちに私を労る言葉が子どもたちの間から出るようになりました。子どもたちの変化を見て、子どもたちは、今まで正しい生き方がわからなかったのだと思いました。自分の気の向くままに行動していたことがよくわかりました。

卒業時には、悪の一人の母親からは、「先生には、子どもの人間性を変えて頂きました」と感謝の言葉を頂きました。その母親は、「家庭の事情が大変で、子どもの面倒もみられず、保護者会にもほとんど出席出来ませんでした」という事でした。

家庭の事情で、親から面倒を見てもらえない子どもは、本当にかわいそうです。小さい時から家庭のいろいろな事情が整っていたらどんなに力を伸ばす子どもであったかと思うととても残念です。

私は、子どもは生来、自分が良くなるようにと努力をする力を持っているものであると思います。その力をしっかりと発揮できるように環境を整えるのが親と教師、回りの大人のなすべきことであると思い、教師は子どものために努力するべきであると思います。

教師の子どもへの愛情・やる気、仕事への意欲で子どもは変わると思います。その為に教師は努力をすること、校内での協力体制も大切だと思います。

もう一つのクラス

三年間担任したB学級は、四年生を担任した時から静かに落ち着いた授業態度の学級でした。前に担任したクラスAとあまりにも様子が違うので拍子抜けがした程でした。学級担任は、年度当初、新しい学級を任された時、今度のクラスはどんなクラスであろうかと楽しみにするものです。そして、その学級をどのように運営していくのがよいかと考えて、学級経営の作戦を立てるのが担任のやり方ですが、このクラスについては、じっくりと、学級経営案を立てることができました。4年生からは算数が急に難しくなるのでその指導に力を入れる事、さらに、4年生になると高学年の仲間入りになるという事で、心の中で、いろいろの事を考え、悩みも出て来る年です。そんなことも考えて子どもたちに毎日、日記を書かせ、担任との文通をするという事をさせるようにしました。落ち着いたクラスでしたので、授業も予定通り進み毎日が平穏に過ぎました。前のクラスと比べると保護者会への出席もよく、その点でもいろいろな点で指導が徹底しました。

また、学級で子どもたちがお楽しみ会をする時には、保護者が全面的に協力をしてくれました。保護者の主催で餅つき大会やおはなし会をして子どもたちを楽しませてもくれました。担任は学習指導に集中することができました。

余計な生活指導や気遣いをすることが無く理想的な学級指導ができました。卒業してから二十数年になりますが、未だに当時の子どもたちも、親も、折にふれて、何かと声をかけてくれます。子どもたちは社会人に成り、結婚もして、子どももできたと報告があったりします。幸せにすごしているようです。担任としてうれしい限りです。教師をしていて本当に良かったと思います。

それにつけても、子どもは親の子育ての仕方で如何様にも育つ、また、担任教師の指導のありようでどのようにも成長するということがよく解りました。子どもが自分の持ち味をしっかりと活かした育ちができるようにと願います。

校長を退職してからの読書指導

校長を退職した時に、東京都の嘱託員になりました。その時に、丁度、稲城市に稲城市立中央図書館ができました。立派な図書館です、それを機会に市教委から市内の子どもに読書指導をして欲しいとの命をいただきました。子どもを、本好きに、本と仲良しになるようにということで、学校図書館の整備、保護者の読み聞かせボランティアの相談役になって欲しいということでした。各校の図書館司書教諭の先生方とボランティアの方々と協力して市内の図書指導にあたりました。私は現役の頃は、教師にとって子どもの指導には教育相談が何より大切だと考えて、都の研修もしっかりと上級コースまで受講し、校内はもちろん市内の先生方とも研究を深め、都教委主催の研究会の講師も務めました。子どもの指導に大いに役にたったと思います。

担任の頃から読書についても子どもにとって、国語力をつける、心を育てるという意味でも大切だと思ってきましたが、退職して、読書指導をするようになってからは、子どもの心を育てるには読書が大きく作用すると思うようになりました。

読書好きの子どもを育てれば学級担任も生活指導で苦労することは無くなる、教育相談の先生方も楽になるのではないかと思いました。

他地区の中学校の先生から新年度に新しいクラスを担任したら子どもが落ち着かないで困っているという事で「どうしたらよいか。」と相談を受けました。即、「朝読」（始業前に教室に入ったら、すぐ読書をする、たくさんの学校で行われていて功を奏している。）をすすめました。本選びの段階から図書館の司書の先生の協力があり、暴れん坊の中学生がわずか一週間で静かに読書するようになったということでした。その先生も自分でびっくりしていましたが、その後読み聞かせもすすめましたが､最初は「中学生に読み聞かせですか。」と躊躇していましたが､その後中学生からも読み聞かせをしたいとの希望が出たり、英語の本も読み聞かせするようになり、すっかりと落ち着いたクラスになり無事に卒業しましたということでした。

担任はクラスの状況をみていろいろな手を打つ事が大切です。そのためにも広く回りの様子を見ておくのがよいかと思います。そして、この先生のようにざっくばらんに近くの人に相談するのがよいと思います。

小さい時、絵本を見たり、読み聞かせをしてもらったり、やがては、自分で読んだりすると、子どもの世界は広がり楽しみが増えます。心の落ち着いた子どもになり、やがては回りの人の気持ちも育つようになると思います。

稲城市でも図書館司書の先生方が指導を強化したり、保護者の読み聞かせボランティアが定着し読書指導が充実してきました。

あとがき

今年の夏は、ロンドンでの、オリンピックの様子が十四日間テレビで放映されました。まさしく世界一の体育の祭典であり、子どもにとって金メダルをめざしてがんばっている本物を、目の当たりにできるよい機会でした。丁度、夏休み中のことであり、親子でテレビを見た子どももたくさんいたことでしょう。がんばる選手の姿を見て自分もがんばろうと思った子もたくさんいた事と思います。

テレビを見る絶好のチャンスですね。

私が校長であったころの、市の教育長であった松尾澤幸恵先生には、よくご指導をいただきました。合い言葉を決めた事も松尾澤先生から、校長になる前に、学校経営をどのようにするか具体的に考えておいた方がよいですよ、とアドバイスをいただいたおかげです。そして、この合い言葉のおかげで、五年間の学校経営がしっかりと出来たと思っています。

また、松尾澤先生には、「この合い言葉のおかげで学校全体が引き締まりましたね、教職員のみなさんもそれぞれの立場で力を発揮していることがよくわかりました」とおっしゃっていただきました。

玉川大学教育学部の教授である梅沢一彦先生には、常日頃から学校に大学生を派遣していただいたり、音楽教育のご指導をしていただきました。また、指揮者として活躍している「ＴＯＫＹＯホームコーラス」という合唱団の各地の小中校への演奏旅行に同行させていただき勉強させていただきました。私の退職時には城山小学校でも演奏会を開催していただきました。

お二人の先生方には、身近に、ご指導を頂けた事は、本当にありがたく、自信を持って、日々の指導にあたる事ができました。

校長在職中の教頭や教職員のみなさんにも、学校経営方針を理解していただき、ご協力をいただきました。本当に感謝です。文中の教師名・児童名・保護者名は失礼があってもいけませんので頭文字で表させていただきました。中にF先生が多く出てきていますが当時、教務主任をしていただき特に協力をしていただきました。現在は他地区で副校長としてご活躍です。

私は玉川大学の卒業生ですが、在学時は初代の学長・小原国芳先生がご健在で多くの事を学ばせていただきました。長い教員生活が無事に過ごす事ができたのも小原先生のご指導のおかげと感謝しています。

退職して直ぐにでも、この校長だよりを本にまとめたいと思いましたが、なかなかチャンスがありませんでした。ここにきて社会の動きを見て、少しでもみなさんの参考にでもなればと考え、てらいんくさんのお薦めもあり、ご協力もあり出版させていただくことにいたしました。

常日頃、近くに住む、孫五人（一〇・八・七・五・二才）と楽しく過ごしています。孫たちの成長を見るにつけ、この孫たちにも『できることをふやし、すきなことをみつけて』ほしいと願っています。

松山　基子

著者紹介

松山基子（まつやま　もとこ）

昭和18年9月3日生（三重県志摩市）
昭和41年3月　玉川大学文学部教育学科卒業
昭和41年4月　東京都新宿区立落合第二小学校１）
昭和42年4月　新宿区立鶴巻小学校２）
昭和47年4月　東京都狛江市立狛江第四小学校
昭和53年4月　　　稲城市立稲城第五小学校
昭和62年4月　　　稲城市立稲城第八小学校３）
平成4年4月　　　稲城市立稲城第七小学校　教頭
平成8年4月　　　稲城市立稲城第一小学校　教頭
平成11年4月　　　稲城市立城山小学校　校長
平成16年4月～平成21年3月
東京都嘱託員として、稲城市教育センター
稲城市立稲城中央図書館に勤務
平成17年～現在
稲城市閉校校舎の地域複合施設ふれんど平尾運営協議会委員

１）新宿区立落合第二小学校に在勤中は、箱根にある新宿区立岡田高原学園に７か月間、勤務しました。子どもと寝食を共にした２４時間教育の仕事は慣れない事が多かったですが、たいへん勉強になりました。
２）新宿区立鶴巻小学校に在勤中は、都と区の社会科研究協力校でした。俗にいう提灯学校（夜間まで明かりが点いている研究校をいう）で、研究熱心な経験豊かな先生方が多く、この学校での経験が、後の指導にたいへん役に立ちました。
３）稲城市立稲城第八小学校に在勤中は、市が交流していた北海道の女満別町へ教育視察に行き、児童交流を始めました。児童交流をきっかけにして稲城市と女満別町は、姉妹都市提携をしました。

できることふやそう　すきなことみつけよう
——親と子と先生と——

発行日　二〇一二年十一月十日　初版第一刷発行
著　者　松山基子
発行者　佐相美佐枝
発行所　株式会社てらいんく
〒二一五-〇〇〇七　川崎市麻生区向原三-一四-七
TEL　〇四四-九五三-一八二八
FAX　〇四四-九五九-一八〇三
振替　〇〇二五〇-〇-八五四七二
印刷所　株式会社厚徳社

ISBN978-4-86261-095-9 C0037